职业教育财经类专业教学用书

U1001122

新编商品流通企业会计（第2版）习题集

卓茂荣　张惠琴　叶子青　主编

電子工業出版社
Publishing House of Electronics Industry
北京・BEIJING

内 容 简 介

本习题集根据职业院校会计学生的就业需求，依据最新的会计法律制度、税收法律制度、结算法律制度编写而成。

本习题集主要内容包括走进商业会计、货币资金、应收及预付款项、商品流通概述、商品流通的进价核算、商品流通的售价核算、其他业务的核算、长期资产的核算、流动负债的核算、长期负债的核算、所有者权益的核算、费用的核算、税金的核算、利润的核算和财务会计报告 15 个项目、55 个任务的练习及 2 套综合测试题。

本习题集适用于职业院校的学生，以及在职的商品流通企业会计人员。

未经许可，不得以任何方式复制或抄袭本书之部分或全部内容。
版权所有，侵权必究。

图书在版编目（CIP）数据

新编商品流通企业会计（第 2 版）习题集 / 卓茂荣，张惠琴，叶子青主编. —2 版. —北京：电子工业出版社，2016.7

ISBN 978-7-121-29412-9

Ⅰ. ①新… Ⅱ. ①卓… ②张… ③叶… Ⅲ. ①商业会计－中等专业学校－习题集 Ⅳ. ①F715.51-44

中国版本图书馆 CIP 数据核字（2016）第 165703 号

策划编辑：徐 玲
责任编辑：徐 玲
印 刷：三河市良远印务有限公司
装 订：三河市良远印务有限公司
出版发行：电子工业出版社
北京市海淀区万寿路 173 信箱 邮编 100036
开 本：787×1 092 1/16 印张：9 字数：227 千字
版 次：2016 年 7 月第 1 版
印 次：2016 年 7 月第 1 次印刷
印 数：3 000 册 定价：23.00 元

凡所购买电子工业出版社图书有缺损问题，请向购买书店调换。若书店售缺，请与本社发行部联系，联系及邮购电话：（010）88254888，88258888。

质量投诉请发邮件至 zlts@phei.com.cn，盗版侵权举报请发邮件至 dbqq@phei.com.cn。

本书咨询联系方式：xuling@phei.com.cn。

前　言

本书是《新编商品流通企业会计（第 2 版）》的配套习题集，包括 15 个项目 55 个任务，每个任务都可以找到相对应的练习，包括理论习题和业务习题，另外还有 2 套综合测试题。

本习题集的理论习题围绕教材中的重点内容和难点内容来编写；本习题中的业务习题和实际工作中的商业会计业务基本相同，源于实践又高于实践。通过练习，学者可以巩固所学知识，深化对商品流通企业会计理论的理解；又可以熟悉商品流通企业会计业务的操作流程和核算方法，全面提高商品流通企业会计业务的处理水平。

本习题集由卓茂荣、张惠琴和叶子青担任主编，共同编写。

本习题集在编写过程中，得到了福建省职业技术教育中心、晋江市职业技术教育中心、福建省晋江市职业中专学校、福建七匹狼实业股份有限公司、福建柒牌集团有限公司的大力支持，在此表示深深的谢意！

编　者

2016 年 7 月

目　录

项目一

走进商业会计

练习指导

商品流通企业会计（简称“商业会计”）是商品流通企业经济管理的重要组成部分，了解商业会计的含义、工作任务、工作规范及其核算形式，有利于我们正确认识商业会计，学好商业会计。要顺利完成本练习就要熟读教材，并且和以前学过的基础会计、财务会计联系起来。“商业会计”是一门专业会计，也是建立在基础会计之上的，同时与财务会计也有许多交汇点。同学们在逛商场时，对商场发生的销售业务也可以想一想该如何进行会计核算。

训练重点、难点

1. 商业会计的含义、工作对象、特征。
2. 会计工作规范。
3. 会计工作核算形式及其选择。

同步练习

任务一　商品流通企业会计的工作内容

一、判断题（判断每小题正确与否，正确的在括号里打“√”，错误的在括号里打“×”）

1. 商品流通企业是商品流通业务的组织者、经营者，从事商品购、销、存和调拨等经济业务，是具有法人地位的独立经济组织。(　　)

2. 商业企业会计的内容或对象就是商品流通过程中发生的各项经济业务。(　　)

3. 流动性也称变现能力，是指企业资产转化为库存现金或被消耗的难易程度。(　　)

4. 所有者权益是企业投资者对企业净资产的所有权。(　　)

5. 收入指企业在非日常活动中形成的、会导致所有者权益增加、与所有者投入资本无关的经济利益的总流入。(　　)

6. 静态等式反映了企业在某一特定日期的财务状况，它是复式记账、账户试算平衡和编制会计报表的理论依据，也是会计核算方法体系的理论基础。(　　)

二、单项选择题（从每小题给出的四个备选答案中选出一个正确答案）

1．流动资产是指企业可在（　　）变现或耗用的资产。

A．一年以内

B．一个营业周期以内

C．一个营业周期以内或者超过一个营业周期的一年以内

D．一年以内或者超过一年的一个营业周期以内

2．无形资产不包括（　　）。

A．专利权　B．非专利技术　C．商誉　D．商标

3．属于长期负债的是（　　）。

A．应付债券　B．应付账款　C．其他应付款　D．预付账款

4．留存收益包括盈余公积和（　　）。

A．资本公积　B．营业税金及附加　C．实收资本　D．未分配利润

5．动态的会计等式是（　　）。

A．资产＝权益　B．资产＝负债+所有者权益

C．收入–费用＝利润　D．有借必有贷，借贷必相等

6．商业企业会计的基本职能是（　　）。

A．核算与监督　B．分析与预测　C．核算与考核　D．监督与预测

三、多项选择题（从每小题给出的四个备选答案中选出两个或两个以上的正确答案）

1．商品流通企业会计是商业企业经济管理的重要组成部分，它（　　）。

A．以货币为主要的计量单位，以合法的凭证为依据

B．运用一系列专门方法，核算与监督商业企业的经济活动及经营成果

C．预测商业企业的经营前景，参与商业企业的经营决策

D．为提高商业企业的经济效益和社会效益服务

2．会计要素中的收入不包括（　　）。

A．主营业务收入　B．其他业务收入

C．收到罚款收入　D．接受捐赠收入

3．广义的费用包括（　　）。

A．主营业务成本　B．其他业务成本

C．营业税金及附加　D．管理费用、销售费用、财务费用

4．利润是指企业一定时期的经营成果，包括（　　）等。

A．主营业务利润　B．营业利润

C．投资净收益　D．营业外收支净额

任务二　商品流通企业会计工作规范

一、判断题（判断每小题正确与否，正确的在括号里打“√”，错误的在括号里打“×”）

1.《企业会计准则——基本准则》是指导企业会计工作的最高准则。（　　）

2．地方性会计法规是地方人大及其常委会制定的会计规范性文件。（　　）

3.《注册会计师法》是规范注册会计师及其行业行为的最高准则。（　　）

4．在海外上市的国内公司，必须按照海外上市地的会计准则与制度，提供满足上市地要求的会计报告。（　　）

二、单项选择题（从每小题给出的四个备选答案中选出一个正确答案）

1．会计法律是（　　）经过一定的立法程序制定的有关会计工作的法律。

A．全国人民代表大会及其常务委员会　　B．国务院

C．财政部　　D．国务院有关部门

2．现在执行的《会计法》是（　　）。

A．1985 年第六届全国人大常委会第 9 次会议通过的《中华人民共和国会计法》

B．1993 年第八届全国人大常委会第 5 次会议修订的《中华人民共和国会计法》

C．1999 年第九届全国人大常委会第 12 次会议修订的《中华人民共和国会计法》

D．2000 年第九届全国人大常委会第 12 次会议修订的《中华人民共和国会计法》

3．下列属于会计行政法规的是（　　）。

A．《中华人民共和国会计法》　　B．《企业会计准则》

C．《中华人民共和国注册会计师法》　　D．《企业财务会计报告条例》

4．《企业财务会计报告条例》是对（　　）中有关财务会计报告规定的细化。

A．《企业会计准则》　　B．《中华人民共和国注册会计师法》

C．《总会计师条例》　　D．《中华人民共和国会计法》

三、多项选择题（从每小题给出的四个备选答案中选出两个或两个以上的正确答案）

1．商业企业的经济活动和会计行为规范包括（　　）等。

A．会计法律　　B．会计行政法规

C．会计部门规章　　D．地方性法规

2．下列属于会计部门规章的是（　　）。

A．《总会计师条例》　　B．《企业会计准则》

C．《会计从业资格管理办法》　　D．《企业财务会计报告条例》

任务三　会计工作组织

一、判断题（判断每小题正确与否，正确的在括号里打“√”，错误的在括号里打“×”）

1．商业企业的会计人员，不仅要具备会计专业技能，熟悉财经法规，还要了解市场经济规律和现代商业运作模式，要有全球的视角、合作的态度、进取的精神。（　　）

2．商品流通企业必须根据国家法律、法规的有关规定，结合本企业的具体情况，如规模大小、业务特点、管理要求等设置会计机构，配备德才兼备的会计工作人员。（　　）

二、单项选择题（从每小题给出的四个备选答案中选出一个正确答案）

1．企业各职能部门、科室对自身的经济业务进行全面的会计核算，属于（　　）。

A．集中核算

B．非集中核算

C．全面核算

D．局部核算

2．关于会计核算形式，下列表述正确的是（　　）。

A．采用集中核算，财会部门工作量特别大，责任特别重

B．采用非集中核算，财会部门工作量特别少，责任特别轻

C．是采用集中核算还是采用非集中核算是由企业财会部门决定的

D．无论企业采用哪种会计核算形式，财务部门都应与企业的管理层及有关部门协调确定

三、多项选择题（从每小题给出的四个备选答案中选出两个或两个以上的正确答案）

1．无论是采用集中核算还是非集中核算，企业会计工作都应当遵守（　　）等。

A．会计法律　　B．会计行政法规

C．会计部门规章　　D．企业内部财务制度

2．无论是采用集中核算还是非集中核算，都应当（　　）等。

A．与企业的实际情况紧密结合　　B．有利于明确各部门的经济责任

C．有利于考核各部门的经济效益　　D．有利于各部门的人员安排

项目三

货币资金

练习指导

本项目中的习题充分反映了国家会计法律制度、结算法律制度对货币资金管理的各种规定。在会计工作中，会计人员要熟悉并遵循货币资金管理的有关规定，加强对货币资金的监管；要及时、准确地核算企业的货币资金业务，提高货币资金的使用效率。

本项目以原始凭证呈现会计业务，和实际工作完全接轨。其中，库存现金核算业务的设计更体现了会计业务的系统性和完整性。学生通过编制现金业务的记账凭证、登记现金日记账，并对现金日记账进行日结，可以提高对现金业务的整体掌控能力和实际核算水平。

训练重点、难点

理论部分

1．库存现金管理的规定。
2．银行存款管理的一般规定。
3．其他货币资金的定义及范围。
4．汇率、直接标价法、间接标价法、外币报表折算的理论知识。

实训部分

1．库存现金业务的核算包括编制记账凭证、登记现金日记账、现金清查等。
2．银行存款业务的核算包括编制记账凭证、登记银行存款日记账、银行存款清查等。
3．其他货币资金业务的账务处理。
4．统账制下外币业务的会计核算。

同步练习

任务一　库存现金的核算

一、判断题（判断每小题正确与否，正确的在括号里“√”，错误的在括号里打“×”）

1．库存现金限额是企业按现金管理规定，与开户行协商核定的库存现金最低额度。(　　)

2．企业要在现金使用范围内使用现金，收取现金则没有界定收取范围。（　　）

3．不得使用不符合会计制度的单据顶替库存现金，即“白条顶库”。（　　）

4．钱账分管是现金日常管理中常用的一种内部控制制度。（　　）

二、单项选择题（从每小题给出的四个备选答案中选出一个正确答案）

1．库存现金限额一般为企业（　　）的日常零星开支额。

A．1～3天　　B．3～5天　　C．10天　　D．15天

2．日常收付中，库存现金因找零等原因造成的正常短少一般（　　）。

A．将损失计入营业外支出　　B．由出纳赔偿损失

C．由保险公司赔偿损失　　D．将损失计入管理费用

3．会计人员不可以（　　）。

A．保管会计档案　　B．编制科目汇总表

C．登记收入账　　D．登记现金日记账

4．库存现金日常管理中常用（　　）的内部控制制度

A．钱账合一　　B．登记库存现金日记账

C．证（现金收付单据）印（印章）兼管　　D．现金清查

三、多项选择题（从每小题给出的四个备选答案中选出两个或两个以上的正确答案）

1．甲公司库存现金限额6 000元，可以全额支付现金的事项有（　　）。

A．职工乙的工资5 000元　　B．职工丙预借差旅费8 000元

C．向农户收购农副产品10 000元　　D．职工丁生病，给予困难补助3 000元

2．企业使用现金，可以（　　）。

A．从企业的现金收入中直接支付　　B．从开户银行提取

C．从库存现金限额中支付　　D．从其他单位借入

四、实训题

业务1　著成服饰股份有限公司2016年3月1日的现金业务

业务1.1的原始凭证如图表2-1、图表2-2所示。

图表2-1

中国工商银行

现金支票存根

支票号码 NO100739

附加信息

出票日期 *2016* 年 *3* 月 *1* 日

收款人：著成服饰股份有限公司	
金额：¥*3 000.00* 元	
用途：备用	

单位主管：成庄印著　会计：杨佳兴

图表 2-2

工商银行进账单(回单)　1

2016 年 3 月 1 日

出票人	全　称	著成服饰股份有限公司		收款人	全　称	著成服饰股份有限公司
	账　号	350125966124756			账　号	350125966124756
	开户银行	中国工商银行晋江支行			开户银行	中国工商银行晋江支行
金额	人民币（大写）	叁仟元整			千 百 十 万 千 百 十 元 角 分	¥ 3 0 0 0 0 0
票据种类		现金支票	票据张数	1		
票据号码		100126				
复核　　记账				开户银行盖章	中国工商银行福建省分行 晋江支行 2016.03.01 转讫	

出票人开户行交给出票人的回单

业务 1.2 的原始凭证如图表 2-3 所示。

图表 2-3

借　款　单

日期：*2016* 年 *3* 月 *1* 日　　NO：*2014138*

借款单位或部门：厂长办公室（著成服饰）	借款人：才向前
借款理由：预借差旅费	
借款数额：人民币（大写）贰仟元整	¥*2000.00*
本单位负责人：同意预借	会计主管：
出　纳：黄洋洋	付款方式：付现　杨佳兴

现金付讫　成庄印著

业务 1.3 的原始凭证见图表 2-4。

图表 2-4

福建泉州商业零售小额发票

福建省泉州市地方税务局监制　发票联

客户：著成服饰股份有限公司（车间用）*2016* 年 *3* 月 *1* 日　　NO：2058743

品　名	规　格	单　位	数　量	单　价	万	千	百	十	元	角	分
润滑油		瓶	2	56.25			1	1	2	5	0
合计人民币（大写）零仟壹佰壹拾贰元伍角零分						¥	1	1	2	5	0

验收：刘小强　　现金付讫

企业盖章：福建晋江先海百货公司 发票专用章　　财务：　　复核：陈英华　　填票：林花久

著成服饰股份有限公司的会计主管兼审核杨佳兴、出纳黄洋洋。

根据现金管理规定，审核原始凭证的真实性、合法性、准确性、完整性（略）。

根据审核无误的单据编制记账凭证（业务1.1 ~ 业务1.3分别编制在图表2-5 ~ 图表2-7上）。

图表 2-5

通 用 记 账 凭 证

年 月 日记第 号

摘 要	会计科目		过	借方金额									贷方金额								
	总 账	明细账	账	百	十	万	千	百	十	元	角	分	百	十	万	千	百	十	元	角	分
附件 张	合计																				

会计主管： 记账出纳： 审核： 制单：

图表 2-6

通 用 记 账 凭 证

2016年3月1 日记第 号

摘 要	会计科目		过	借方金额									贷方金额								
	总 账	明细账	账	百	十	万	千	百	十	元	角	分	百	十	万	千	百	十	元	角	分
附件 张	合计																				

会计主管： 记账出纳： 审核： 制单：

图表 2-7

通 用 记 账 凭 证

年 月 日记第 号

摘 要	会计科目		过	借方金额									贷方金额								
	总 账	明细账	账	百	十	万	千	百	十	元	角	分	百	十	万	千	百	十	元	角	分
附件 张	合计																				

会计主管： 记账出纳： 审核： 制单：

根据审核无误的记账凭证或单据，登记“库存现金日记账”（见图表 2-8）。

图表 2-8

库存现金日记账

会计主管人员盖章	杨佳兴

16年		凭证号数	票据号数	摘要	借方金额									核对	贷方金额									核对	余额									核对
月	日				百	十	万	千	百	十	元	角	分		百	十	万	千	百	十	元	角	分		百	十	万	千	百	十	元	角	分	
2	28			本月合计			5	1	0	8	8	0	0				5	1	0	3	7	0	0						2	0	9	0	0	√

假设福建著成服饰股份有限公司 2016 年 3 月 1 日只发生了 3 笔现金业务，请在“库存现金日记账”上进行日结，在图表 2-8 上结出当日收入合计数、当日支出合计数、当日结存数。

业务 2　著成服饰股份有限公司 2016 年 3 月 31 日的现金业务

业务 2.1 的原始凭证如图表 2-9 所示。

图表 2-9

库存现金清查盘点报告表

日期：*2016* 年 *3* 月 *31* 日　　　　NO：20150129

账面余额	实存金额	清查结果		备注
		盘盈	盘亏	原因待查
850.00	*858.15*	*8.15*		
单位负责人处理意见				

第二联：记账联

盘点人：刘少省　　出纳员：黄洋洋　　制 单：刘少省

审核原始凭证、登记现金日记账等业务（略）。

根据图表 2-9 编制记账凭证（以会计分录代替）。

业务2.2 有关盘盈现金的金额，原因难查清，按《企业会计准则》的规定处理（单据略）。
审核原始凭证（略）。
请编制相应的记账凭证（以会计分录代替）

登记现金日记账（略）。

任务二　银行存款的核算

一、判断题（判断每小题正确与否，正确的在括号里打“√”，错误的在括号里打“×”）

1．企业办理银行收付款结算业务时，必须遵守银行信贷制度和现金管理制度。（　　）
2．一个单位可在多家银行开立基本存款账户，但在一家银行只能开立一个。（　　）
3．“银行存款余额调节表”可以作为编制记账凭证的原始凭证。（　　）
4．企业收付款结算凭证应如实填明款项的来源或用途，以方便银行监督。（　　）

二、单项选择题（从每小题给出的四个备选答案中选出一个正确答案）

1．符合银行存款管理一般规定的是（　　）。
A．开设两个以上的专用存款账户
B．出租本企业的银行存款账户
C．签发空头支票
D．利用本企业银行账户代其他单位存取现金

2．造成银行对账单余额少于银行存款日记账余额的事项有（　　）。
A．银行已收、企业未收的款项
B．企业已收、银行未收的款项
C．企业已付、银行未付的款项
D．企业或银行登错账

3．公款私存是指（　　）。
A．保留账外公款
B．利用支票等转账结算凭证套换现金
C．设置“小金库”
D．将企业现金收入作为个人储蓄存入银行

4．如果银行存款日记账与银行对账单余额不相符，是（　　）造成的，则应编制“银行存款余额调节表”进行调节。
A．银行重复登记一笔账
B．企业少登记一笔账
C．未达账项
D．登记某笔银行存款日记账时多写一个零

三、多项选择题（从每小题给出的四个备选答案中选出两个或两个以上的正确答案）

1. 银行存款账户按资金管理的要求分为（　　）存款账户。

   A. 基本

   B. 一般

   C. 临时

   D. 专用

2. 企业通过银行办理收付款结算业务时，必须遵守（　　）。

   A. 银行信贷制度

   B. 现金管理制度

   C. 个人所得税法

   D. 会计从业资格管理办法

四、实训题

著成服饰股份有限公司 2016 年 4 月 31 日对银行存款进行清查。

中国工商银行晋江支行金井营业部 2016 年 4 月 30 日的银行存款对账单如图表 2-10 所示。

图表 2-10

银行存款对账单

16年		结算凭证号码	摘要	借方金额									贷方金额									余额								
月	日			百	十	万	千	百	十	元	角	分	百	十	万	千	百	十	元	角	分	百	十	万	千	百	十	元	角	分
4	20	略	略																				2	8	3	3	5	0	0	0
4	21	现金支票 161125	提取现金				1	0	0	0	0	0											2	8	2	3	5	0	0	0
4	22	电汇凭证 9354508	收回货款												2	6	3	2	5	0	0		3	0	8	6	7	5	0	0
4	25	电汇凭证 9227082	归还货款			3	1	5	9	0	0	0											2	7	7	0	8	5	0	0
4	27	转账支票 451001	收到投资款											1	5	0	0	0	0	0	0		4	2	7	0	8	5	0	0
4	30	委托收款 500513	支付水费					6	0	0	0	0											4	2	6	4	8	5	0	0
4	30	电汇凭证 715906	预收货款												5	0	0	0	0	0	0		4	7	6	4	8	5	0	0

著成服饰 2016 年 4 月 21 日至 4 月 31 日的“银行存款日记账”如图表 2-11 所示。

图表 2-11

银行存款日记账

会计主管人员盖章	杨佳兴

16年		凭证	结算	摘要	借方金额									核	贷方金额									核	结存									核
月	日	号数	方式		百	十	万	千	百	十	元	角	分	对	百	十	万	千	百	十	元	角	分	对	百	十	万	千	百	十	元	角	分	对
4	20		略	略																						2	8	3	3	5	0	0	0	√
4	21	银付 012	现金支票 161125	向银行提现														1	0	0	0	0	0	√		2	8	2	3	5	0	0	0	√
4	22	银收 015	电汇凭证 9354508	收回货款			5	2	6	5	0	0	0	√												3	3	5	0	0	0	0	0	√
4	25	银付 012	电汇凭证 9227082	归还货款													3	1	5	9	0	0	0	√		3	0	3	4	1	0	0	0	√
4	27	银收 016	转账支票 451001	收到投资款		1	5	0	0	0	0	0	0	√												4	5	3	4	1	0	0	0	√
4	28	银收 017	转账支票 832008	收到违约金				2	5	0	0	0	0	√												4	5	5	9	1	0	0	0	√
4	30	银付 012	转账支票 108903	预付购料款													3	0	0	0	0	0	0	√		4	2	5	9	1	0	0	0	√

请核对银行对账单和银行存款日记账（假设登记正确无误），找出未达账项，在图表 2-12 上编制"银行存款余额调节表"。

图表 2-12

银行存款余额调节表

银行账号：　　　　2016 年 4 月 31 日　　　　币种：人民币

银行对账单	金额									银行存款日记账	金额								
	百	十	万	千	百	十	元	角	分		百	十	万	千	百	十	元	角	分
调节前的余额										调节前的余额									
加：企业已收、银行未收的金额										加：银行已收、企业未收的金额									
减：企业已付、银行未付的金额										减：银行已付、企业未付的金额									
调节后的余额										调节后的余额									

会 计：杨佳兴　　　　出 纳：黄洋洋

任务三 其他货币资金的核算

一、判断题（判断每小题正确与否，正确的在括号里打“√”，错误的在括号里打“×”）

1. 货币资金是企业在商品经营过程中停留在货币形态的资金，具有极强的流动性和收付的经常性。（ ）

2. 其他货币资金是指企业除库存现金、银行存款以外的其他货币性资产。（ ）

二、单项选择题（从每小题给出的四个备选答案中选出一个正确答案）

1. 下列项目中，不属于其他货币资金的是（ ）。

A. 外埠存款　　B. 商业汇票
C. 在途资金　　D. 存出投资款

2. 其他货币资金按（ ）开设明细账，进行明细核算。

A. 存放地点和用途　　B. 资金金额的大小
C. 资金的性质　　D. 资金存放时间的长短

三、多项选择题（从每小题给出的四个备选答案中选出两个或两个以上的正确答案）

下列属于其他货币资金的是（ ）。

A. 银行汇票存款　　B. 信用证保证金存款
C. 信用卡存款　　D. 银行本票存款

四、实训题

著成服饰股份有限公司 2016 年 5 月 10 日的其他货币资金业务如图表 2-13 所示。

图表 2-13

中国××银行晋江市分行签发本票
申请书（存根）

申请日期　年　月　日　　　　第　　号

收款单位或个人名称 福建泉州市七匹鹰股份公司　　本票号码 5882016413

本票金额（大写）人民币伍万元整

申请人名称 著成服饰股份有限公司

申请人地址（或账号）3521592376789

申请人签章　银行出纳 王春琴　复核 刘明华　记账 李久久　验印 张安冷

此联由申请签发单位或个人留存，代记账凭证

审核原始凭证（略）。

请根据图表 2-13 编制相应的记账凭证（以会计分录代替）。

登账（略）。

任务四　外币业务的核算

一、判断题（判断每小题正确与否，正确的在括号里打“√”，错误的在括号里打“×”）

1．会计核算上的外币是指企业记账本位币以外的货币。（　　）

2．间接标价法是按一定单位外国货币可兑换本国货币金额表示的汇率。（　　）

二、单项选择题（从每小题给出的四个备选答案中选出一个正确答案）

1．发生外币业务及时折算成记账本位币，并编制会计报表，属于外币核算的（　　）。

A．统账制　　B．分账制　　C．权责发生制　　D．收付实现制

2．企业筹建期间发生的汇兑损益，发生时应当直接记入（　　）。

A．管理费用　　B．长期待摊费用　　C．财务费用　　D．营业外支出

三、多项选择题（从每小题给出的四个备选答案中选出两个或两个以上的正确答案）

外币资产负债表折算时，应将（　　）按发生时的市场汇率折算成记账本位币。

A．实收资本　　B．资本公积　　C．盈余公积　　D．未分配利润

四、实训题

业务1：著成服饰股份有限公司于2017年6月15日从银行购入50 000.00美元，当日银行美元卖出价是1.00美元＝6.61元人民币，当日市场汇率为1.00美元兑换6.60元人民币。

请根据业务1（原始凭证略）编制记账凭证（以会计分录代替）。

业务2：2017年6月18日，著成服饰股份有限公司从日本购入原材料200吨，每吨售价250.00美元，当日市场汇率为1.00美元＝6.59元人民币，银行转账支付进口关税39 900.00元人民币，进口增值税63 308.00元人民币，货款尚未支付。

请根据业务2（原始凭证略）编制记账凭证（以会计分录代替）。

项目三

应收及预付款项

练习指导

应收及预付款项是商品流通企业在日常生产经营过程中发生的各项短期债权，包括应收账款、应收票据、其他应收款和预付账款。商业企业会计人员应当熟悉应收及预付款项的核算内容、核算程序；能正确计算应收账款和应收票据的入账金额、现金折扣金额、坏账准备的计提金额、应收票据的贴现金额；能及时、准确地对应收及预付款项进行账务处理。

商业会计人员还应加强对企业应收及预付款项的监管，协同企业各其他职能部门共同努力，确保企业应收及预付款项及时收回，防范坏账风险，提高企业应收账款的周转率。

训练重点、难点

理论部分

1. 应收账款入账价值的确认、商业折扣及现金折扣的含义。
2. 坏账损失的确认条件、坏账准备的计提方法。
3. 应收票据的含义及分类，票据贴现的含义及种类。
4. 备用金的含义及分类。

实训部分

1. 现金折扣的计算及账务处理。
2. 坏账准备提取金额的计算及账务处理。
3. 票据贴现金额的计算及账务处理。

同步练习

任务一　应收账款的核算

一、判断题（判断每小题正确与否，正确的在括号里打“√”，错误的在括号里打“×”）

1．应收账款是企业在销售商品、提供劳务中形成的应向购货方或接受劳务方收取且尚未收回的款项。（　　）

2. 商业折扣一般在交易发生时就已确定，但交易双方都必须在账面上进行反映。(　　)
3. 现金折扣通常发生在以赊销方式销售商品或提供劳务的交易中。(　　)
4. 坏账是指企业无法收回或收回可能性很小的应收及预付款项。(　　)
5. 企业（小规模除外）坏账损失必须采用备抵法。(　　)

二、单项选择题（从每小题给出的四个备选答案中选出一个正确答案）

1. 对于现金折扣，我国目前的会计实务中采用（　　）。
   A．总价法　　B．净价法
   C．直接转销法　　D．备抵法
2. （　　）是因售出商品质量不合要求或其他原因而在售价上给予购方减让。
   A．商业折扣　　B．现金折扣
   C．销售折让　　D．进货退价
3. 信用条件“1/20”的含义是（　　）。
   A．无条件给予总价 1%的折扣
   B．无条件给予总价 5%的折扣
   C．20 天内还款，给予总价 1%的折扣
   D．1 天内还款，给予总价 20%的折扣
4. 采用备抵法，企业实际发生坏账时，应借记（　　）。
   A．坏账准备　　B．应收账款
   C．管理费用　　D．营业外支出
5. 销售折让发生在企业确认收入之后，则（　　）。
   A．视同现金折扣　　B．视同商业折扣
   C．冲减当期销售收入　　D．记入营业外支出

三、多项选择题（从每小题给出的四个备选答案中选出两个或两个以上的正确答案）

1. 应收账款的入账价值为发票上列明的金额，包括应收未收的（　　）等。
   A．价款或劳务款
   B．增值税销项税额
   C．代购货单位垫付的各种费用
   D．由销售商品支付的包装费、运杂费等费用
2. 备抵法在计算坏账准备的提取金额时又有（　　）计算方法。
   A．账龄分析法　　B．销货百分比法
   C．应收账款余额百分比法　　D．全额转销法
3. 企业货款及应收款项符合（　　）中的一项或几项的均可确认为坏账。
   A．债务人破产，用其剩余资产偿还后仍不能收回的
   B．债务人变更公司名称
   C．债务人死亡，用其遗产偿还后仍不能收回的
   D．债务人逾期 3 年尚未归还，并有证据表明回收可能性极小的应收款项

四、实训题

业务 1　著成服饰股份有限公司 2016 年 3 月 4 日的应收账款业务

原始凭证如图表 3-1 ~ 图表 3-4 所示。

图表 3-1

中国工商银行
现金支票存根
支票号码 NO007953
附加信息
出票日期 *2016* 年 *3* 月 *4* 日
收款人：福建晋江海通物流公司
金　额：*¥1 110.00* 元
用　途：代垫运费
单位主管：成庄印著　会计：杨佳兴

图表 3-2

代垫费用清单（存根）①

日期：*2016* 年 *3* 月 *4* 日　　No.160304

单位名称	厦门海西商城	费用项目	运杂费（从晋江至厦门商城）
金额	壹仟壹佰壹拾元整　*¥1 110.00*	附送单据	*2* 张

单位：著成服饰股份有限公司复核：杨佳兴　　制单：黄洋洋

图表 3-3

福建省增值税专用发票

No 00352165

记账联

开票日期：2016 年 3 月 4 日

购货单位	名　　称：厦门海西商城 纳税人识别号：350582003137 地 址、电 话：厦门飞翔路 18 号 8520812 开户行及账号：翔安工行 350256912347651				密码区	略	
货物或应税劳务名称	规格型号	单位	数量	单价	金额	税率	税额
夹克衫		件	1 500	198.00	297 000.00	17%	50 490.00
合　计					¥297 000.00		¥50 490.00
价税合计（大写）	※叁拾肆万柒仟肆佰玖拾元整					（小写）¥347490.00	
销货单位	名　　称：著成服饰股份有限公司 纳税人识别号：350582001393 地 址、电 话：晋江工业园区 8320812 开户行及账号：晋江工行金井分理处 350125966124756				备注	福建著成服饰股份有限公司 350582001393 发票专用章	

收款人：　　复核：　　开票人：才钱　　销货单位：（章）

第三联：记账联 销货方记账凭证

图表 3-4

中国工商银行异地托收承付结算凭证（回单）　　第　　号

委托日期　2016 年 3 月 4 日　　　　托收号码：

付款人	全　称	厦门海西商城	收款人	全　称	著成服饰股份有限公司
	账号或地址	350256912347651		账　号	350125966124756
	开户银行	厦门工行翔安分理处		开户银行	晋江工行金井分理处　行号 3226

委托金额	人民币（大写）	千	百	十	万	千	百	十	元	角	分
	叁拾肆万捌仟陆佰元整		¥	3	4	8	6	0	0	0	0

附件		商品发运情况	合同名称号码
附寄单证张数或册数	2 张	2016 年 4 月 3 日发运	
备注：	款项收妥日期　年月日		收款人开户银行盖章　月　日

中国工商银行福建省分行 0835 晋江支行 2016.3.4

此联是收款单位开户银行给收款人的回单

① 审核原始凭证（包含对入账金额的审核）。

② 编制记账凭证（用会计分录代替）。

③ 登记银行存款日记账、主营业务收入明细账、应交税费和应收账款的明细账（略）。

业务 2　著成服饰股份有限公司 2016 年 3 月 10 日的现金折扣业务

接业务 1，如果购销双方协定的现金折扣的信用条件为“1/10，*n*/20”（折扣不包括税费），著成服饰股份有限公司在 2016 年 3 月 10 日收到了厦门海西商城款项 345 630 元，请根据有关单据（略）编制记账凭证（用会计分录代替）。

业务 3　著成服饰股份有限公司坏账业务

业务 3.1：2016 年 12 月 31 日，著成服饰股份有限公司会计人员开始计提坏账准备。

图表 3-5

著成服饰股份有限公司坏账准备提取表

2016 年 12 月 31 日　　　　提取比例：4%

本年应提取或冲销的坏账准备金额①	应收账款年末余额②	应收账款年初余额③	本年确认的坏账金额④	确认为坏账后又在本年收回的金额⑤
	5 000 000.00	2 000 000.00	15 000.00	35 000.00
备　　注	①＝（②－③）×提取比例＋④－⑤			

审核：杨佳兴　　　　制表：张思思

① 请以该公司会计人员身份将原始凭证（见图表 3-5）中的空格填写完整。

② 根据填写完整并审核无误的图表 3-5 编制记账凭证（用会计分录代替）。

业务 3.2：2017 年 5 月，经董事会会议批准，将一项应收款项确认为坏账，原始凭证如图表 3-6 所示。

图表 3-6

坏账损失确认通知

因北强集团资不抵债且企业资产均为不良资产，确认北强集团所欠款项 40 000 元已无法收回，经公司领导确认批准，同意注销该笔应收账款。

总经理　　　　　　　会计主管 刘东来

2017 年 5 月 31 日　　　　　　　　成庄印著

根据审核无误的原始凭证（见图表 3-6）编制记账凭证（用会计分录代替）。

业务 3.3：2017 年 10 月，北强集团资产重组成功，新股东通过汇兑结算方式归还北强集团所欠本公司账款人民币 40 000 元。该笔账款已在 2017 年 5 月确认为坏账。北强还款的原始凭证如图表 3-7 所示。

图表 3-7

中国工商银行电子汇兑贷方凭证（收款通知）

发报行	行号	06818	编制日期	2017.10.25	收报行	行号	28957	号码	2981
	行名	南京工商银行钟楼营业部				行名	晋江工行		
收款单位	账号	350125966124756					收款行名称		
	名称	著成服饰股份有限公司					晋江工行金井分理处		
金额（大写）：肆万元整 ¥40 000.00									
付款单位名称：南强集团 （账号）、事由：归还前欠账款						业务种类	汇兑		
上列款项已代转账、如有错误，请持此联来行面洽，此致（开户业） （银行盖章） 年 月 日				上列款项已照收无误 证件名称 证件号码 （收款单位章）2017 年 10 月 25 日				科目（贷） 对方科目 记账 复核 核押 出纳	

此联代收款通知

（报告表号）　　（业务编号）　　转账日期：

根据图表 3-7 及有关资料编制记账凭证（以会计分录代替）。

① 收回已确认的坏账，款项存入银行的会计分录。

② 之前将该笔应收款项确认为坏账，现给予冲回的会计分录。

任务二 应收票据的核算

一、判断题（判断每小题正确与否，正确的在括号里打“√”，错误的在括号里打“×”）

1．商品流通企业销售商品、提供劳务时，采用银行汇票结算的，应当设置并通过“应收票据”账户进行会计核算。（　　）

2．商业汇票的到期值就是商业汇票的面值。（　　）

3．贴现就是企业将未到期的票据转让给商业银行，银行将票据面值扣除贴现利息后的净额支付给贴现企业。（　　）

二、单项选择题（从每小题给出的四个备选答案中选出一个正确答案）

1．商业汇票的票面利率、到期日等基本情况一般应在（　　）上登记。

A．应收票据明细账　　B．应收票据总账

C．应收票据备查账　　D．由登账人自由选择

2．商业汇票的贴现利息=（　　）

A．票据面值×贴现天数×年贴现率÷360

B．票据到期值×贴现天数×年贴现率÷360

C．票据面值×贴现天数×票面利率÷360

D．票据到期值×贴现天数×票面利率÷360

三、多项选择题（从每小题给出的四个备选答案中选出两个或两个以上的正确答案）

1．商业汇票按承兑人的不同分为（　　）。

A．商业承兑汇票　　B．银行承兑汇票

C．保证人承兑汇票　　D．政府承兑汇票

2．下列表述正确的是（　　）。

A．商业承兑汇票贴现银行无追索权　　B．商业承兑汇票贴现银行有追索权

C．银行承兑汇票贴现银行无追索权　　D．银行承兑汇票贴现银行有追索权

四、实训题

业务1　著成服饰股份有限公司2017年4月10日的商业汇票业务

2017年4月10日，著成服饰股份有限公司销售新款男牛仔裤800条给厦门海西商贸有限公司，每条不含税售价为100.00元，增值税税率为17%（增值税发票略）。海西商贸有限公司前来取货时，签发为期3个月的不带息商业承兑汇票1张，如图表3-8所示。

图表 3-8

商业承兑汇票 2 $\frac{AA}{01}$

票日期（大写） 贰零壹柒年肆月零壹拾日　　375160510

付款人	全称	厦门海西商贸有限公司	收款人	全称	著成服饰股份有限公司
	账号	350256912347652		账号	350125966124756
	开户银行	厦门翔安工商银行		开户银行	晋江工商银行金井分理处

出票金额	人民币（大写）	千	百	十	万	千	百	十	元	角	分
	玖万叁仟陆佰元整			¥	9	3	6	0	0	0	0

汇票到期日	贰零壹柒年柒月零壹拾日	付款人开户行	行号	3275
交易合同号码	000160410899		行址	厦门市翔安区飞翔路5—8号
出票人盖章（厦门海西商贸有限公司 3202047830349 财务专用章）		备注：		

收款行寄付款行作借方凭证附件

① 收到商业汇票后妥善保管，并在应收票据备查账簿上登记。

② 根据图表 3-8 及相关资料编制记账凭证（用会计分录代替）。

业务 2　著成服饰股份有限公司 2017 年 6 月 10 日的商业汇票贴现业务

2017 年 6 月 10 日，著成服饰股份有限公司将厦门海西商贸有限公司签发的一张商业承兑汇票提交银行，进行贴现，票据贴现凭证如图表 3-9 所示。

图表 3-9

票据贴现凭证（收账通知）4

填写日期 2017 年 6 月 10 日　　第　号

申请人	全称	福建著成服饰股份有限公司	贴现汇	种类及号码	商业承兑汇票
	账号	350125966124756		发票日	2017 年 4 月 10 日
	开户银行	晋江工商银行金井分理处		到期日	2017 年 7 月 10 日
汇票承兑人	厦门海西商贸有限公司	账号	350256912347652	开户银行	厦门翔安工行

		千	百	十	万	千	百	十	元	角	分
汇票金额	人民币（大写）玖万叁仟陆佰元整			¥	9	3	6	0	0	0	0
年贴现率 6%；贴现利息 468.00	实付金额			¥	9	3	1	3	2	0	0

上述款项已存入你单位账户。此致 银行盖章 2017 年 6 月 10 日（中国工商银行福建省分行 晋江支行 2017.6.10 转讫）	备注：

① 贴现的计算（列出计算式）。

贴现利息= 93 600.00 × 6% ÷ 12 × 1=468.00（元）

贴现净额= 93 600.00 – 468.00 = 93 132.00（元）

② 根据图表 3-9 及相关资料编制贴现的记账凭证（用会计分录代替）。

任务三　预付账款的核算

一、判断题（判断每小题正确与否，正确的在括号里打“√”，错误的在括号里打“×”）

1．应收及预付款项是企业在日常生产经营过程中发生的各项短期债权。(　　)

2．企业预付账款即使不多，也不能在“应付账款”账户中核算。(　　)

二、单项选择题（从每小题给出的四个备选答案中选出一个正确答案）

1．企业在采购商品之前向供应商预付部分货款，应借记（　　），贷记“银行存款”。

A．“商品采购”　　B．“库存商品”

C．“预付账款”　　D．“应收账款”

2．预付账款应按（　　）设置明细账，进行明细核算。

A．预购商品的种类或名称

B．供货的单位

C．负责该项采购业务的采购员

D．由财务人员在 A、B、C 选项中自由选择

三、多项选择题（从每小题给出的四个备选答案中选出两个或两个以上的正确答案）

1．应收及预付款项包括（　　）等。

A．应收账款　　B．预收账款

C．应付账款　　D．预付账款

2．企业以预付账款方式购买的商品验收入库，可能编制的会计分录有（　　）。

A．借：库存商品——× × 商品

　　　应交税费——应交增值税（进项税额）

　　　贷：预付账款——× × 供货商

B．借：商品采购——× × 商品

　　　应交税费——应交增值税（进项税额）

　　　贷：预付账款——× × 供货商

C．借：库存商品——× × 商品

　　　贷：商品采购——× × 商品

D．借：库存商品——× × 商品

　　　贷：预付账款——× × 供货商

任务四 其他应收款的核算

一、判断题（判断每小题正确与否，正确的在括号里打“√”，错误的在括号里打“×”）

1．其他应收款是由商业企业非营业活动引起的各种应收债权和暂付款项。(　　)

2．备用金是企业为内部单位或个人准备的货币资金，以满足这些部门或个人日常零星开支或出差等业务的业务需要。(　　)

二、单项选择题（从每小题给出的四个备选答案中选出一个正确答案）

1．下列表述正确的是（　　）。

A．其他应收款可以作为企业“备用金”总分类账户下的一个明细分类账户

B．备用金可以作为企业“其他应收款”总分类账户下的一个明细分类账户

C．备用金可以作为企业“其他应付款”总分类账户下的一个明细分类账户

D．备用金可以作为企业“应收账款”总分类账户下的一个明细分类账户

2．备用金可以分成（　　）。

A．一次报销制　　　　B．多次报销制

C．定额备用制　　　　D．自由备用制

三、多项选择题（从每小题给出的四个备选答案中选出两个或两个以上的正确答案）

其他应收款包括（　　）等。

A．企业存出的保证金

B．企业应收取的赔款和罚金

C．企业各种备用金

D．企业为职工垫付的各种款项

四、业务题

业务 1　著成服饰股份有限公司 2017 年 1 月 5 日的备用金业务

2017 年 1 月 5 日，著成服饰股份有限公司厦门办事处出纳到公司总部办理领取本年度定额备用金业务，有关单据如图表 3-10 和图表 3-11 所示。

图表 3-10

著成服饰股份有限公司内部付款凭证

2017 年 1 月 5 日　　　　N O.0017010509

<table>
<tr><td>领款人</td><td colspan="2">著成服饰股份有限公司厦门办事处</td><td>付出性质</td><td colspan="9">内部往来</td></tr>
<tr><td>款项内容</td><td colspan="12">定额备用金</td></tr>
<tr><td rowspan="2">人民币
（大写）</td><td colspan="3" rowspan="2">壹拾万元整</td><td>百</td><td>十</td><td>万</td><td>千</td><td>百</td><td>十</td><td>元</td><td>角</td><td>分</td></tr>
<tr><td>¥</td><td>1</td><td>0</td><td>0</td><td>0</td><td>0</td><td>0</td><td>0</td><td>0</td></tr>
<tr><td>审批人
成庄印著</td><td>会计：(盖 章)
杨佳兴</td><td colspan="2">出纳：(盖 章)
黄洋洋</td><td colspan="9">备注：
厦门办事处为本公司非独立核算单位</td></tr>
</table>

第三联　财务联

图表 3-11

中国工商银行

转账支票存根

NO：00890569

附加信息

____

____

出票日期 *2017* 年 *1* 月 *5* 日

收款人：	著成服饰股份有限公司 厦门办事处
金　额：	*¥100 000.00* 元
用　途：	年度定额备用金

单位主管：成庄印著　　会计：杨佳兴

根据图表 3-10、图表 3-11 及相关资料编制厦门办事处领取定额备用金的记账凭证（用会计分录代替）。

业务 2　著成服饰股份有限公司 2017 年 1 月 29 日的备用金业务

2017 年 1 月 29 日，著成服饰股份有限公司厦门办事处出纳到总部报销当月各项办公费 98 560.00 元，总部财务人员审核后以转账支票补足定额，请根据审核无误的原始凭证（略）编制记账凭证（用会计分录代替）。

项目四

商品流通概述

练习指导

商品流通又称商品流转，指商品流通部门通过购销行为，将商品从生产领域向消费领域转移的过程，商品流通是社会再生产过程的重要环节。

商业会计人员应了解商品流通特征、环节和交接货方式，熟悉商品流通的核算方式与结算方式。

训练重点、难点

理论部分

1. 数量进价金额核算法的含义及适用范围。
2. 数量售价金额核算法的含义及适用范围。
3. 售价金额核算法的含义及适用范围。
4. 进价金额核算法的含义及适用范围。

实训部分

1. 支票的结算。
2. 银行本票的结算。
3. 银行汇票的结算。
4. 商业汇票的结算。

同步练习

任务一　商品流通的特征

一、判断题（判断每小题正确与否，正确的在括号里打“√”，错误的在括号里打“×”）

1．送货制是供货方将商品送到购货方的仓库或指定地点，送货过程发生的费用和商品损耗一般由供货单位承担。（　　）

2．提货制是购货方到供货方的仓库或指定地点提货，提货过程中所发生的费用和商品损

耗一般由购货单位承担。(　　)

二、单项选择题（从每小题给出的四个备选答案中选出一个正确答案）

1. 商品流通中，是采用提货制、送货制，还是采用发货制，应（　　）。

A. 由供货方决定　　B. 由所购商品的特性决定

C. 由购货方决定　　D. 由供销双方协商决定

2. 发货制是供货方委托运输部门按合同规定的日期，将符合合同规定的商品运送到购货方所在地的车站、码头、物流仓库。发货过程发生的费用和商品损耗由（　　）。

A. 供货方承担

B. 在商品交接前供货方承担，商品交接后购货方承担

C. 购货方承担

D. 在商品交接前购货方承担，商品交接后供货方承担

三、多项选择题（从每小题给出的四个备选答案中选出两个或两个以上的正确答案）

1. 商品流通的特征是（　　）。

A. 必须以商品实物的转移为前提　　B. 可以是没有实物转移的货币收付

C. 必须通过货币收付　　D. 可以是没有货币收付的实物转移

2. (　　) 是商品流通各环节中的关键环节。

A. 购进环节　　B. 运输环节　　C. 存储环节　　D. 销售环节

任务二　商品流通的核算方法

一、判断题（判断每小题正确与否，正确的在括号里打“√”，错误的在括号里打“×”）

1. 商品流通的核算方法即商品购、销、存的核算方法。(　　)

2. 大中型批发企业由于业务量比较大，不宜采用数量进价金额核算法。(　　)

3. 售价金额核算法，库存商品的总账和明细账都只反映库存商品的售价，而不反映其实物数量。(　　)

4. 经营鱼、肉、菜、果等鲜活商品的企业适宜采用售价金额核算法。(　　)

二、单项选择题（从每小题给出的四个备选答案中选出一个正确答案）

1. (　　) 又称“进价记账、盘存计销”核算法。

A. 数量进价金额核算法　　B. 数量售价金额核算法

C. 售价金额核算法　　D. 进价金额核算法

2. 在数量进价金额核算法下，(　　) 只记数量不记金额。

A. 库存商品总账　　B. 库存商品明细账

C. 库存商品类目账　　D. 库存商品保管账

3. (　　) 是一种建立在实物负责制基础上的核算方法。

A. 数量进价金额核算法　　B. 数量售价金额核算法

C. 售价金额核算法　　D. 进价金额核算法

4. 小型批发企业和经营贵重物品的零售企业适宜采用（　　）。

A. 数量进价金额核算法　　B. 数量售价金额核算法

C. 售价金额核算法　　D. 进价金额核算法

三、多项选择题（从每小题给出的四个备选答案中选出两个及两个以上的正确答案）

1．商品流通的核算方法主要有（　　）。

A．数量进价金额核算法　　B．数量售价金额核算法

C．售价金额核算法　　D．进价金额核算法

2．商品流通企业采用（　　），应当设置“商品进销差价”账户。

A．数量进价金额核算法　　B．数量售价金额核算法

C．售价金额核算法　　D．进价金额核算法

任务三　商品流通结算业务

一、判断题（判断每小题正确与否，正确的在括号里打“√”，错误的在括号里打“×”）

1．支票是出票人签发的，委托办理支票存款业务的银行或其他金融机构在见票时无条件支付确定金额给收款人或持票人的票据。（　　）

2．托收承付是一种由收款人向银行提供收款依据，委托银行向付款人收取款项的结算方式。（　　）

3．托收承付结算起点金额为一万元，新华书店系统的起点金额为一千元。（　　）

4．普通支票左上角画有两条平行线的是划线支票，划线支票只能转账不能提取。（　　）

二、单项选择题（从每小题给出的四个备选答案中选出一个正确答案）

1．银行本票和银行汇票都是由（　　）签发的票据。

A．银行　　B．委托人　　C．付款人　　D．承兑人

2．商业汇票的最长付款期限不得超过（　　）。

A．10天　　B．1个月　　C．2个月　　D．6个月

3．下列结算方式不受起点金额限制的是（　　）。

A．支票　　B．银行汇票　　C．委托收款　　D．托收承付

4．出纳员按规定填写现金支票后，由（　　）在银行支票上加盖印章。

A．出纳　　B．会计

C．单位负责人　　D．银行预留印章保管人

三、多项选择题（从每小题给出的四个备选答案中选出两个或两个以上的正确答案）

1．结算业务按其货币收付方式的不同可以分为（　　）。

A．现金结算　　B．转账结算

C．国内结算　　D．国际结算

2．支票的绝对记载事项：表明“支票”的字样和（　　）等。

A．无条件支付的委托　　B．确认的金额

C．付款人名称　　D．出票日期及出票人签章

3．（　　）为记名票据。

A．现金支票　　B．银行本票

C．银行汇票　　D．商业汇票

4．商品流通过程中，采用（　　）结算方式，商品款未收到时，需要通过“应收账款”

账户反映。

A．商业汇票　　B．银行汇票　　C．委托收款　　D．托收承付

四、实训题

厦门海西商贸股份有限公司2016年5月6日因采购材料需要，向开户银行办理银行本票，有关单据如图表4-1和图表4-2所示。

图表4-1

中国工商银行本票申请书（存根）1

申请日期：　2016年5月6日

收款单位或个人名称 著成服饰股份有限公司 本票号码
申请
本票金额（大写） 伍万捌仟伍佰元整 ¥58 500.00
签发
签发申请人名称 厦门海西商贸股份有限公司
申请人地址（或账号）350256912347652
申请人签章　银行出纳　复核　验印

（印章：厦门海西商贸股份有限公司 财务专用章）

图表4-2

中国工商银行 INDUSTRIAL AND COMMERCIAL BANK OF CHINA

付款期 贰个月

本　票　　本票号码 Ⅸ 0019027

出票日期（大写）　贰零壹陆年伍月零陆日　　第1号

收款人：著成服饰股份有限公司		
凭票即付	人民币（大写） 伍万捌仟伍佰元整	
转账 ~~现金~~		科目（借）
备 注	（印章：中国工商银行福建省分行 晋江支行 2016.5.6 转讫）	对方科目（贷）
		付款日期　年　月　日
	出票行签章	出纳　复核　经办

① 会计根据银行本票申请书存根联（见图表4-1）填制记账凭证（用会计分录代替）。

② 厦门海西商贸股份有限公司采购员持银行本票（见图表4-2）前往著成服饰股份有限公司采购牛仔库500条，每条不含税售价100.00元，价款总计50 000.00元，增值税8 500.00元，

用银行本票支付价税款。5 月 8 日，会计根据库存商品验收入库单、增值税专用发票及有关结算凭证编制采购牛仔裤的记账凭证（用会计分录代替）。

项目五

商品流通的进价核算

练习指导

数量进价金额核算法，对库存商品的金额，无论是总分类账还是明细分类账，均按进价反映，同时明细分类账还必须反映商品的实物数量。数量进价金额核算法适用于商品流通批发企业。

商业会计人员应当熟悉批发商品购销业务的程序，掌握批发商品购进的核算、销售的核算、存储的核算。

训练重点、难点

理论部分

1. 数量进价金额核算法的含义、适用范围。
2. 商品购、销、存的业务流程。
3. 销售收入的确认条件。
4. 发出商品成本的计算方法、进货费用的分摊方法。

实训部分

1. 批发商品购进的会计核算。
2. 批发商品销售的会计核算。
3. 批发企业商品存储的会计核算。

同步练习

任务一　批发商品购进的核算

一、判断题（判断每小题正确与否，正确的在括号里打“√”，错误的在括号里打“×”）

1. 采用数量进价金额核算法，对于库存商品，无论是总分类账还是明细分类账，都要反映其进价和实物数量。(　　)

2. 会计应根据“库存商品盘点表”进行库存商品溢缺的账务处理。（　　）

3. 数量进价金额核算法适用于商品流通批发企业。（　　）

二、单项选择题（从每小题给出的四个备选答案中选出一个正确答案）

1. 商品采购中的“单货同到”或者“单先到货后到”中的“单”不包括（　　）。

A. 增值税专用发票

B. 普通销售发票

C. 银行结算凭证

D. 库存商品验收入库单

2. 一般纳税人向农业生产者购入农副产品 100.00 元，如果不考虑采购费用，则该库存商品金额和增值税进项税额分别是（　　）。

A. 100.00 元和 13.00 元

B. 87.00 元和 13.00 元

C. 100.00 元和 17.00 元

D. 83.00 元和 17.00 元

3. 某企业采购商品 100 斤（1 斤=0.5 千克），供货商每斤售价 0.999 9 元，假设没有发生采购费用，入库验收时短缺了 1 斤，为定额内合理损耗，则该企业这批商品的单位进价是（　　）。

A. 0.999 9 元/斤　　B. 1.01 元/斤

C. 1.00 元/斤　　D. 0.98 元/斤

三、多项选择题（从每小题给出的四个备选答案中选出两个或两个以上的正确答案）

1. “库存商品”账户，借方登记已验收入库的（　　）的实际成本。

A. 购入商品　　B. 加工商品

C. 销售退回商品　　D. 盘盈商品

2. 可归属某存货采购成本的采购费用，可以（　　）。

A. 直接记入“库存商品——某存货”账户

B. 先归集在“库存商品——进货费用”账户上，期末按所购商品进、销、存情况分摊

C. 采购费用数额较大的，可在发生时直接记入销售费用

D. 采购费用数额较小的，可在发生时直接记入销售费用

3. 关于“拒付货款、拒收商品”的核算，下列表述正确的有（　　）。

A. 由于款项未付，不需要进行账务处理

B. 如果采用托收承付结算方式，应在规定承付期内说明拒付理由，填制拒付理由书

C. 对于拒收商品，如果未入库而且是立即退还，仓库则不做任何处理

D. 如果拒收商品已经入库或者需要代管一段时间，则仓库应填制“代管商品收货单”并妥善保管

四、实训题

业务 1：厦门海丝商业股份有限公司 2016 年 9 月 3 日从福建新海鞋业股份有限公司购入一批男皮鞋，有关单据如图表 5-1 ~ 图表 5-5 所示。

图表 5-1

福建省增值税专用发票

No 00860733

全国统一发票监制章 福建 国家税务总局监制

发 票 联

开票日期：2016 年 9 月 3 日

购货单位	名　　称：厦门海丝商业股份有限公司 纳税人识别号：350582003137 地 址、电 话：厦门湖中路 88 号 8520883 开户行及账号：湖里工行 350256912347688			密码区	略		
货物或应税劳务名称	规格型号	单位	数量	单价	金额	税率	税额
男皮鞋		件	2 000	95.00	190 000.00	17%	32 300.00
合计					¥190 000.00		¥32 300.00
价税合计（大写）	※贰拾贰万贰仟叁佰元整				（小写）¥222 300.00		
销货单位	名　　称：福建新海鞋业股份有限公司 纳税人识别号：350582004359 地 址、电 话：福建晋江金井工业园区 85308188 开户行及账号：晋江工行金井分理处 3502617724631562			备注	福建新海鞋业股份有限公司 发票专用章		

收款人：　　复核：　　开票人：陈丝丝　　销货单位：（章）

第一联：发票联　购货方记账凭证

图表 5-2

福建省增值税专用发票

No 00860905

全国统一发票监制章 福建 国家税务总局监制

发 票 联

开票日期：2016 年 9 月 3 日

购货单位	名　　称：厦门海丝商业股份有限公司 纳税人识别号：350582003137 地 址、电 话：厦门湖中路 88 号 8520883 开户行及账号：湖里工行 350256912347688			密码区	略		
货物或应税劳务名称	规格型号	单位	数量	单价	金额	税率	税额
运费		件	125	8.00	1 000.00	11%	110.00
合计					¥1 000.00		¥110.00
价税合计（大写）	※壹仟壹佰壹拾元整				（小写）¥1 110.00		
销货单位	名　　称：厦门意通物流股份有限公司 纳税人识别号：350583008946 地 址、电 话：厦门自贸区东路 89208188 开户行及账号：厦门工行自贸区营业部 3502561624631567			备注	起运地：厦门翔安 到达地：厦门湖里 车号：440031190327		

收款人：　　复核：　　开票人：张泽　　销货单位：（章）

厦门意通物流股份有限公司 发票专用章

第一联：发票联　购货方记账凭证

图表 5-3

中国工商银行

转账支票存根

N0：0932619

附加信息

出票日期 2016 年 9 月 3 日

收款人：福建新海鞋业股份有限公司	
金　额：222 300.00 元	
用　途：付男皮鞋的价款及增值税	

单位主管：曾海 洋印　会计：汪风

图表 5-4

中国工商银行

转账支票存根

N0：0932620

附加信息

出票日期 2016 年 9 月 3 日

收款人：厦门意通物流股份有限公司	
金　额：1 110.00 元	
用　途：付男皮鞋的运费及增值税	

单位主管：曾海 洋印　会计：汪风

图表 5-5

收　货　单

供应商：福建新海鞋业股份有限公司　　2016 年 9 月 3 日　　存放仓库：2 号仓 3 号架

货号	规格、品名	单位	数量	单价	金额	税率	进项税额
#1605	男皮鞋	双	2 000	95.00	190 000.00	17%	32 300.00
合计			2 000	95.00	190 000.00	17%	32 300.00
价税合计（大写）贰拾贰万贰仟叁佰元整			¥222 300.00				
件数	125 箱	发票号码：增值税票 00860733			合同字　201609 号		

第一联　存根

业务主管：　　开票人：曾海亮　　收货人：李华 英印

① 会计根据图表 5-1、图表 5-3 填制记账凭证（用会计分录代替）。

② 会计根据图表 5-2、图表 5-4 填制记账凭证（用会计分录代替）。

③ 会计根据图表 5-5 填制记账凭证（用会计分录代替）。

④ 根据记账凭证③在图表 5-6 上登记库存商品明细账。

图表 5-6

库存商品明细账

		总页	
计量单位	双	页数	
名称及规格	男皮鞋		

商品类别：鞋服—男鞋　　　　存放地点：第 2 仓库 3 号货架

16年		凭证号数	摘要	借（收入）方											核对号	贷（发出）方											结存									
月	日			数量		单价	金额									数量		单价	金额								数量	单价	金额							
				购进	其他		十	万	千	百	十	元	角	分		销售	其他		十	万	千	百	十	元	角	分			十	万	千	百	十	元	角	分
9	1		期初																								500	90.00		4	5	0	0	0	0	0

业务 2：某批发公司向 B 企业购进乙商品 5 000kg，单价为 6.00 元，计价款为 30 000.00 元，进项税额为 5 100.00 元，价税款已转账付讫并进行了相应的账务处理，但在商品验收入库时，发现短少 105 kg，价款为 630.00 元。

① 根据收货单（略）、商品溢缺单（略）编制记账凭证（用会计分录代替）。

② 假设短缺的 105kg 中，有 5kg 为自然损耗，请将自然损耗部分从“待处理财产损溢”账户中转出，编制如下记账凭证（用会计分录代替）。

③ 假设溢余的 105kg 中，有 100kg 属于运输途中的责任事故，应由意通物流公司承担全部责任，则编制如下记账凭证（用会计分录代替）。

任务二　批发商品销售的核算

一、判断题（判断每小题正确与否，正确的在括号里打“√”，错误的在括号里打“×”）

1．直运商品销售是指批发企业从供货单位所在地，将所采购商品直接运到购货单位的一种销售方式。(　　)

2．直运商品销售方式适用于数量较少、规格多样、质量稳定的商品。(　　)

3．批发企业每日销售商品的批次多、开出的增值税专用发票多、结算凭证多，品种规格复杂，也同样要逐批填制记账凭证并登账。(　　)

二、单项选择题（从每小题给出的四个备选答案中选出一个正确答案）

1．进货方收到供货方退回的差价及相应的增值税税款，但该批商品已售出并结转了销售成本，则在编制会计分录时应贷记（　　）。

A．“材料采购”　B．“库存商品”　C．“主营业务成本”　D．“应收账款”

2．在批发企业销售业务中，“销货日报表”应由（　　）填制。

A．仓储部门　B．收款部门　C．业务部门　D．财务部门

3．直运商品销售的特点是商品不经过本企业仓库，不通过（　　）账户核算，商品购进与商品销售同时发生，随时结转成本。

A．“材料采购”　B．“库存商品”　C．“主营业务成本”　D．“主营业务收入”

三、多项选择题（从每小题给出的四个备选答案中选出两个或两个以上的正确答案）

1．商品流通企业销售商品时，如果同时符合（　　）条件，即可确认收入。

A．已将商品所有权的主要风险和报酬转移到购买方

B．没有保留与所有权相联系的继续管理权，没有对已售出商品实施控制

C．与交易相关的经济利益能够流入企业

D．相关的收入和成本能够可靠地计量

2．供货方财务部门应在“增值税专用发票”的（　　）上加盖发票专用章。

A．存根联　B．记账联　C．发票联　D．抵扣联

3．企业 2015 年 9 月、2016 年 3 月、2016 年 7 月、2016 年 9 月的售出商品均在 2016 年 9 月退回，则可冲减 2016 年 9 月份销售收入和增值税销项税额的是（　　）。

A．2015 年 9 月的销售退回　B．2016 年 3 月的销售退回

C．2016 年 7 月的销售退回　D．2016 年 9 月的销售退回

四、实训题

业务 1：2016 年 9 月 3 日，厦门海丝商业股份有限公司向厦门市鞋服零售企业［康踏］公司出售男皮鞋 1 500 双，每双含税价为 175.5 元，对方采购员前来提货，并以现金支票支付有关款项。请根据增值税专用发票、银行进账单等单据编制记账凭证（用会计分录代替）。

业务 2：2016 年 9 月 8 日，厦门海丝商业股份有限公司向秦皇岛市［踩踩爽鞋业］出售男皮鞋 800 双，每双含税价为 210.6 元，采用发货制，以支票付运费 4 000 元、增值税 440 元。取得销货的增值税专用发票（略）、运费的增值税专用发票（略）、支票存根（略）、委托收款凭证回单（略）等原始凭证。

① 编制支付运费及增值税的记账凭证（用会计分录代替）。

② 编制根据增值税专用发票、发货单等办理委托收款的记账凭证（用会计分录代替）。

业务 3：2016 年 9 月 12 日，厦门海丝商业股份有限公司收到秦皇岛市［踩踩爽鞋业］汇

来的款项 159 120.00 元，根据银行进账单（略）编制有关记账凭证（用会计分录代替）。

业务 4：2016 年 9 月 18 日，厦门海丝商业股份有限公司经与秦皇岛市［踩踩爽鞋业］协商，实际价税款与收到款项的差额作为销售退价处理，我方就退价部分开出红字增值税专用发票，请编制记账凭证（用会计分录代替）。

任务三　批发商品存储的核算

一、判断题（判断每小题正确与否，正确的在括号里打“√”，错误的在括号里打“×”）

1．“两账合一”，是指财务和业务部门合并设置一套库存商品明细账，既核算库存商品数量，也核算金额，提供财务和业务两个部门所需要的库存商品明细资料。（　　）

2．“三账合一”适用于财务、业务、仓库同在一处办公，“前店后仓”的企业。（　　）

3．已销商品成本的结转，按结转方式可分成逐笔结转和定期结转两种。（　　）

二、单项选择题（从每小题给出的四个备选答案中选出一个正确答案）

1．“三账分设”是指（　　）三个部门各设一套库存商品明细账。

A．供应、财务、仓储　　B．财务、业务、仓储
C．财务、业务、供应　　D．供应、业务、仓储

2．发出商品成本采用（　　）计算，企业期末存货成本更接近市价。

A．个别计价法　B．加权平均法　C．先进先出法　D．毛利率法

3．发出商品成本采用集中结转时，库存商品明细账上平时（　　）。

A．只登记数量　　B．只登记金额
C．既登记数量，又登记金额　　D．不登记数量，也不登记金额

三、多项选择题（从每小题给出的四个备选答案中选出两个或两个以上的正确答案）

1．商品批发企业商品存储的核算，应有利于（　　）。

A．商品流通业务的开展　　B．保护商品安全
C．商品销售成本的计算和结转　　D．企业内部协作

2．发出商品成本计算方法包括个别计价法和（　　）。

A．先进先出法　B．后进先出法　C．加权平均法　D．毛利率法

3．毛利率法就是根据本期销售净额乘以（　　）毛利率来估算出本期销售毛利，并计算发出商品成本的一种方法。

A．上期（月）实际　　B．上期（月）计划
C．本期（月）实际　　D．本期（月）计划

四、实训题

业务 1：在本项目任务一实训题中的“业务 1”已登记入账的基础上，采用先进先出法，

计算结转厦门海丝商业股份有限公司本月发出男皮鞋的成本（见本项目任务二实训题中的“业务 1”和“业务 2”）。

① 将计算过程及结果填写在图表 5-7 上。

图表 5-7

库存商品明细账

		总页	
计量单位	双	页数	
名称及规格	男皮鞋		

商品类别：鞋服—男鞋　　存放地点：第 2 仓库 3 号货架

年		凭证号数	摘要	借（收入）方											核对号	贷（发出）方											结存									
月	日			数量		单价	金额									数量		单价	金额								数量	单价	金额							
				购进	其他		十	万	千	百	十	元	角	分		销售	其他		十	万	千	百	十	元	角	分			十	万	千	百	十	元	角	分
9	1		期初																								500	90.00		4	5	0	0	0	0	0
9	3	略	购进	2 000		95	1	9	0	0	0	0	0	0													500 2 000	90.00 95.00	2	3	5	0	0	0	0	0
9	8	略	销售																																	
9	12	略	销售																																	
9	30	略	合计																																	

② 根据计算结果编记账凭证（用会计分录代替）。

业务 2：厦门海丝商业股份有限公司“库存商品——进货费用（男皮鞋）”期初账面金额为 896.00 元，本月进货费用 3 804.00 元，请分摊本月已销男皮鞋应承担的进货费用。

① 求进货费用分摊率（保留四位小数）。

② 求期末结存男皮鞋应分摊的进货费用。

③ 求本月已销男皮鞋应分摊的进货费用。

④ 编制分摊进货费用的记账凭证（用会计分录代替）

项目六

商品流通的售价核算

练习指导

商品流通的售价核算是建立在实物负责制基础上的一种核算方法。采用售价金额核算法，库存商品无论是总分类账还是明细分类账，都只反映售价金额，而不反映实物数量。售价金额核算法适用于商品流通批发企业。

商业会计人员应当熟悉零售商品购销业务的程序，掌握零售商品购进的核算、销售的核算、存储的核算以及鲜活商品的核算。

训练重点、难点

理论部分

1. 售价金额核算法的含义、适用范围。
2. 商品购、销、存的业务流程。
3. "商品进销差价"账户的设置与运用。
4. "进价记账、盘存计销"方法的含义及适用范围。

实训部分

1. 零售商品购进的会计核算。
2. 零售商品销售的会计核算。
3. 零售企业商品存储的会计核算。

同步练习

任务一　零售商品购进的核算

一、判断题（判断每小题正确与否，正确的在括号里打"√"，错误的在括号里打"×"）

1．采用售价金额核算法，对于库存商品，无论是总分类账还是明细分类账，都只反映售价金额，而不反映实物数量。(　　)

2．商品进销差价，期末余额一般在借方，表示结存商品应承担的进销差价。(　　)

二、单项选择题（从每小题给出的四个备选答案中选出一个正确答案）

1．商品流通的售价核算法是建立在（　　）基础上的一种核算方法。

A．权责发生制　　B．收付实现制

C．永续盘存制　　D．实物负责制

2．采用售进金额核算法的企业，进货补价，应借记（　　）账户。

A．“商品采购”　　B．“库存商品”

C．“商品进销差价”　　D．“主营业务成本”

三、多项选择题（从每小题给出的四个备选答案中选出两个或两个以上的正确答案）

1．包装物减重，一般（　　）处理或者退货给供货方。

A．当作商品购进的自然损耗　　B．作为进货退价

C．作为进货补价　　D．当作商品购进自然溢余

2．“商品进销差价”账户，其贷方登记（　　）。

A．购进商品的进销差价（含进货费用）　　B．销售退回的进销差价

C．收回加工商品的进销差价　　D．溢余商品的进销差价

四、实训题

业务 1：晋江先海百货股份有限公司于 2016 年 11 月 3 日从厦门海丝商业股份有限公司购入散装泰国香米，有关单据如图表 6-1 ~ 图表 6-5 所示。

图表 6-1

福建省增值税专用发票　　No 00860845

发票联

开票日期：2016 年 11 月 3 日

购货单位	名　　称：晋江先海百货股份有限公司 纳税人识别号：059582004356 地 址、电 话：晋江金井滨海路 83508247 开户行及账号：金井工行 350641247692237	密码区	略

货物或应税劳务名称	规格型号	单位	数量	单价	金额	税率	税额
散装泰国香米		kg	3 000	5.60	16 800.00	17%	2 856.00
合计					¥16 800.00		¥2 856.00
价税合计（大写）	※壹万玖仟陆佰伍拾陆元整				（小写）¥19 656.00		

销货单位	名　　称：厦门海丝商业股份有限公司 纳税人识别号：350582003137 地 址、电 话：厦门湖中路 88 号 8520883 开户行及账号：湖里工行 350256912347688	备注	厦门海丝商业股份有限公司 发票专用章

收款人：　　复核：　　开票人：翁海旺　　销货单位：（章）

第一联：发票联　购货方记账凭证

图表 6-2

福建省增值税专用发票　　No 00860994

发票联　　开票日期：2016 年 11 月 3 日

购货单位	名　　称：晋江先海百货股份有限公司 纳税人识别号：059582004356 地 址、电 话：晋江金井滨海路 83508247 开户行及账号：金井工行 350641247692237	密码区	略

货物或应税劳务名称	规格型号	单位	数量	单价	金额	税率	税额
运费		袋	120	5.00	600.00	11%	66.00
合计					¥600.00		¥66.00
价税合计（大写）	※陆佰陆拾陆元整				（小写）¥666.00		

销货单位	名　　称：厦门意通物流股份有限公司 纳税人识别号：350583008946 地 址、电 话：厦门自贸区东路 89208188 开户行及账号：厦门工行自贸区营业部 3502561624631567	备注	起运地：厦门湖里 到达地：晋江金井 车号：44003119327

收款人：　　复核：　　开票人：张泽　　销货单位：（章）

第一联：发票联　购货方记账凭证

图表 6-3

中国工商银行

转账支票存根

N0：0932730

附加信息

出票日期 2016 年 11 月 3 日

收款人：	厦门海丝商业股份有限公司
金　额：	19656.00 元
用　途：	付泰国香米的价款及增值税

单位主管：合蔡印百　会计：张玉风

图表 6-4

中国工商银行

转账支票存根

N0：0932731

附加信息

出票日期 2016 年 11 月 3 日

收款人：	厦门意通物流股份有限公司
金　额：	666.00 元
用　途：	付泰国香米的运费及增值税

单位主管：合蔡印百　会计：张玉风

① 会计根据图表 6-1 ~ 图表 6-4 填制记账凭证（用会计分录代替）。

② 根据图表 6-1 和图表 6-2 的相关资料，将图表 6-5 填制完整。

图表 6-5

商 品 验 收 单

进货柜组：食品柜　　2016 年 11 月 3 日　　字第 20110420 号

商品类别	品名	单位	购进价			零售价			进销差价
			数量	单价	金额	数量	单价	金额	
食品	散装泰国香米	kg	*3 000*				*8.60*		
备　注	购进金额＝								

第二联 记账联

主管：　　采购：陈 敏　　收货：陈卓辉　　制单：陈卓辉

③ 会计根据图表 6-5 填制记账凭证（用会计分录代替）。

④ 在图表 6-6 上登记“库存商品（泰国香米）”明细账。

图表 6-6

库 存 商 品 明 细 账

商品类别：食品柜　　存放地点：食品柜组　　实物负责人：习敏沪

年		凭证号数	摘要	借（收入）方										核对号	贷（发出）方										结　存									
月	日			千	百	十	万	千	百	十	元	角	分		千	百	十	万	千	百	十	元	角	分	千	百	十	万	千	百	十	元	角	分
11	*1*		期初																									*3*	*0*	*8*	*5*	*0*	*0*	*0*

⑤ 在图表 6-7 上登记“商品进销差价——食品柜”明细账。

图表 6-7

商 品 进 销 差 价

商品类别：食品柜

年		凭证号数	摘要	借　方										核对号	贷　方										借或贷	余　额									
月	日			千	百	十	万	千	百	十	元	角	分		千	百	十	万	千	百	十	元	角	分		千	百	十	万	千	百	十	元	角	分
11	*1*		期初																										*1*	*5*	*4*	*2*	*0*	*0*	*0*

业务2：某零售商场食品柜向盼盼食品公司购进散装饼干1 250kg，单位进价为16.00元，计价款为20 000.00元；单位售价为24.00元，总售价为30 000.00元。商品验收入库1 240 kg，短少的10 kg原因待查。

① 根据收货单（略）、商品溢缺单（略）编制验收入库的记账凭证（用会计分录代替）。

② 经查，短少的10kg为自然损耗，请将其从“待处理财产损溢”账户中转出，编制如下记账凭证（用会计分录代替）。

业务3：某零售商场食品柜从盼盼食品公司购进散装糖果30箱，每千克进价为12.00元，含税零售价为21.06元。验收时每个包装箱按2kg计，共60kg。腾空后，30个包装箱共58kg，减重2kg。

① 根据业务3的资料，将“包装物超重、减重报告单”（见图表6-8）填写完整。

图表6-8

包装物超重、减重报告单

*2017*年*7*月*18*日

接收日期		凭证字号	商品包装	包装物商品	件数	包装物重量			包装物超重或减重金额		
月	日					预计	实际	超减重	进价金额	售价金额	进销差价
11	*17*	略	纸箱	糖果	*30*						

验收人：陈卓辉　　　　制表：陈卓辉

② 减重属于高温所致，作自然溢余处理，请根据图表6-7资料编制记账凭证（以会计分录代替）。

任务二　零售商品销售的核算

一、判断题（判断每小题正确与否，正确的在括号里打“√”，错误的在括号里打“×”）

1. 钱货分管是指营业员只管售货，另设收款员专门负责收款。（　　）
2. 集中缴款是指每日终了，由各实物负责人将各柜组实收的销货款送存银行。（　　）

二、单项选择题（从每小题给出的四个备选答案中选出一个正确答案）

1．盘存差价计算法也称（　　）。

A．个别差价率计算法　　B．分类（柜组）差价率计算法

C．综合差价率计算法　　D．实际进销差价计算法

2．采用（　　）算出的进销差价数额与实际发生的进销差价数额存在的差距最大。

A．盘存差价计算法　　B．分类（柜组）差价率计算法

C．综合差价率计算法　　D．实际进销差价计算法

三、多项选择题（从每小题给出的四个备选答案中选出两个或两个以上的正确答案）

1．“营业员销售，（　　）”属于分散缴款的业务流程。

A．收款员收款，每日终了，各实物负责人将各柜组实收的销货款送存银行

B．收款员收款，每日终了，各实物负责人将本组货款送财务部，由出纳集中送存银行

C．营业员收款，每日终了，各实物负责人将各柜组实收的销货款送存银行

D．营业员收款，每日终了，各实物负责人将本组货款送财务部，由出纳集中送存银行

2．已销商品进销差价的计算方法主要有（　　）计算法。

A．个别差价率　　B．分类（柜组）差价率

C．综合差价率　　D．盘存差价

四、实训题

业务1：2016年11月25日，福建晋江先海百货财务部门审核各柜组送交的商品进销存报告单、内部缴款单、银行进账单收账通知，确认无误后，编制图表6-9。

图表6-9

福建晋江先海百货销售（含税）汇总表

2016年11月25日　　单位：元

项目 柜组	销售金额	现金收入	转账收入	现金溢缺	备注
食品柜	*15 810.21*	*15 811.00*		*0.79*	现金溢缺属经营过程中正常现象，直接计入销售费用
图书柜	*6 780.00*	*6 780.00*			
服装柜	*33 696.00*	*33 690.00*		*−6.00*	
家电柜	*40 950.00*	*40 950.00*			
合　计	*97 236.21*	*97 231.00*		*−5.21*	

制表：*向东游*

① 根据图表6-9及其附件（略）、银行进账单收账通知（略）等原始凭证编制记账凭证（以会计分录代替）。

② 同时，编制“注销实物负责人商品库存”的记账凭证（用会计分录代替）。

③ 请根据图表 6-9 的资料，编制图表 6-10，经审核，确保填制无误后，根据图表 6-10 的资料编制记账凭证（用会计分录代替）。

图表 6-10

福建晋江先海百货含税销售收入分解计算表

2016 年 11 月 25 日　　　　单位：元

柜组	含税收入	增值税税率	不含税收入	增值税销项
食品柜		17%		
图书柜		13%		
服装柜		17%		
家电柜		17%		
合　计				

制表：向东游

编制记账凭证（用会计分录代替）。

业务 2：2016 年 12 月 31 日，福建晋江先海百货各柜组的盘存资料分别如图表 6-11 ~ 图表 6-14 所示。

图表 6-11

福建晋江先海百货食品柜月末盘存表

2016 年 12 月 31 日　　　　单位：元

编号	品名	单位	盘存数量	进价金额		售价金额		进销差价
				单价	金额	单价	金额	
S101	花生油	kg	195	9.20		15.00		
…	…	…	…	…	…	…	…	…
合计					145 290.90		218 891.50	

实物负责人：陈卓辉　　　　制表：陈卓辉

图表 6-12

福建晋江先海百货图书柜月末盘存表

2016年12月31日　　单位：元

编号	品名	单位	盘存数量	进价金额		售价金额		进销差价
				单价	金额	单价	金额	
T101	红楼梦	套	15	58.00		89.00		
…	…	…	…	…	…	…	…	…
合计					95 728.00		132 956.00	

实物负责人：江荣　　制表：江荣

图表 6-13

福建晋江先海百货服装柜月末盘存表

2016年12月31日　　单位：元

编号	品名	单位	盘存数量	进价金额		售价金额		进销差价
				单价	金额	单价	金额	
F101	柒牌立领	件	25	198.00		398.00		
…	…	…	…	…	…	…	…	…
合计					268 349.00		451 256.00	

实物负责人：林全英　　制表：林全英

图表 6-14

福建晋江先海百货家电柜月末盘存表

2016年12月31日　　单位：元

编号	品名	单位	盘存数量	进价金额		售价金额		进销差价
				单价	金额	单价	金额	
D101	长虹电视	台	8	1 580.00		1 980.00		
…	…	…	…	…	…	…	…	…
合计					409 860.00		569 250.00	

实物负责人：许灵军　　制表：许灵军

① 根据图表6-11～图表6-14，在图表6-15上编制“福建晋江先海百货商品进销差价计算表”。

图表 6-15

福建晋江先海百货商品进销差价计算表

2016年12月31日　　单位：元

柜　组	月初库存商品已分摊的进销差价	本月增加商品的进销差价	本月已销商品应分摊的进销差价	月末库存商品应分摊的进销差价
食品柜	67 240.54	297 256.41		
图书柜	32 643.00	195 336.80		
服装柜	151 453.00	544 569.00		
家电柜	97 850.00	284 220.00		
合　计				

制表：

② 根据图表 6-15，编制结转“已销商品进销差价”的记账凭证（用会计分录代替）。

业务 3：福建晋江先海百货 2017 年 1 月份“已销商品进销差价计算表”如图表 6-16 所示。

图表 6-16

福建晋江先海百货已销商品进销差价计算表

2017 年 1 月 30 日　　单位：元

柜组	商品进销差价调整前余额	主营业务收入贷方发生额	库存商品余额	分类差价率	商品进销差价	
					已销商品	库存商品
①	②	③	④	⑤	⑥	⑦
食品柜	380 000.00	750 132.34	249 867.66			
图书柜	13 500.15	29 945.68	15 054.82			
服装柜	87 101.70	208 816.60	40 045.40			
家电柜	120 000.00	380 800.00	99 200.00			
合计	600 601.85	1369 694.62	404 167.88			

制表：

① 请通过计算，将图表 6-16 中未填写完成的栏目填制完毕。

② 根据填写完整并审核无误的图表 6-16 编制记账凭证（以会计分录代替）。

任务三　零售商品储存的核算

一、判断题（判断每小题正确与否，正确的在括号里打“√”，错误的在括号里打“×”）

1. 零售商品存储的核算包括商品溢缺（通过盘存确认溢缺）的核算、商品调价的核算、

商品调拨的核算等。(　　)

2. 商品零售企业对家电类商品应当采用实地盘存制。(　　)

二、单项选择题(从每小题给出的四个备选答案中选出一个正确答案)

1. 商品内部调拨是指(　　)之间调剂余缺而进行的商品调拨。

A. 企业与供应商

B. 企业所属独立核算的营业组、门市部

C. 企业与经销商

D. 企业所属非独立核算营业组、门市部

2. 零售企业，存储过程中库存商品发生自然损耗，处理时应借记(　　)账户。

A. “管理费用”　　B. “销售费用”

C. “营业外支出”　　D. “待处理财产损溢”

三、多项选择题(从每小题给出的四个备选答案中选出两个或两个以上的正确答案)

1. 商品零售企业盘盈商品，原因尚未查明，应当(　　)。

A. 借记“库存商品”　　B. 贷记“待处理财产损溢”

C. 借记“商品进销差价”　　D. 贷记“商品进销差价”

2. 企业调价，应当经过下列程序(　　)。

A. 企业管理层根据物价政策、市场信息做出调价决策

B. 仓储部门接到物价部门通知临时进行局部盘点

C. 物价部门根据盘点结果计算调整金额，填制“价格调整单”并送有关部门

D. 销售部门接单后执行新售价，财务部门接单后进行相应的账务处理。

四、实训题

业务 1：2017 年 2 月 15 日，福建晋江先海百货管理层根据市场信息决定对热销商品黑豆进行调价，有关单据如图表 6-17 所示。

图表 6-17

福建晋江先海百货调价商品差价调整单

2017 年 2 月 15 日

实物所在柜组：食品柜　　负责人：陈卓辉　　调价起始日：2 月 16 日

商品编号	品名	单位	盘存数量	原售价		新售价		库存商品	
				单价	金额	单价	金额	增加金额	减少金额
S126	黑豆	千克	523	6.20		7.60			
调价理由	运费上调								

制单：李向习

① 请将图表 6-17 中未填栏目填写完整。

② 根据填写完整并审核无误的图表 6-17 编制记账凭证(以会计分录代替)。

业务 2：福建晋江先海百货食品柜 2017 年 6 月 30 日进行实地盘点，有关盘点的初步结果如图表 6-18 所示，食品柜月末分类差价率为 35%。

图表 6-18

福建晋江先海百货盘存单

柜组：食品柜　　　　2017 年 6 月 30 日　　　　实物负责人：陈卓辉

商品编号	品名规格	单位	库存数量	实存售价金额		库存商品账面余额	溢余（售价）	短缺（售价）
				单价	金额			
①	②	③	④	⑤	⑥	⑦	⑧	⑨
S103	散装白糖	kg	461	12		5 506.40		
S112	散装大米	kg	1 599	6		9 588.00		
S125	散装面粉	kg	1 332	7		9 310.00		
合计	—	—	—	—		24 404.40		
备注	原因待查，尚未处理							

制单：陈卓辉

① 请将图表 6-18 中未填栏目填写完整。

② 根据填写完整并审核无误的图表 6-18 编制记账凭证（以会计分录代替）。

③ 经查，溢余属于销售过程正常现象，按规定进行处理，请编制记账凭证（以会计分录代替）。

任务四　鲜活商品的核算

一、判断题（判断每小题正确与否，正确的在括号里打“√”，错误的在括号里打“×”）

1. 对鲜活商品在销售过程中发生的溢余和短缺要及时进行账务处理。(　　)
2. 对鲜活商品采用“进价记账、盘存计销”方法的同时应辅以售价控制。(　　)

二、单项选择题（从每小题给出的四个备选答案中选出一个正确答案）

鲜活商品，每日应销金额等于(　　)。

A. 销货零售单价×（昨日存货数 + 本日进货数 − 本日存货数）

B. 销货零售单价×本日实际销售数量

C. 所销商品的进货单价×本日实际销售数量

D. 所销商品的进货单价×（昨日存货数 + 本日进货数 − 本日存货数）

三、多项选择题（从每小题给出的四个备选答案中选出两个或两个以上的正确答案）

从事商品零售的企业，对其中的鲜活商品，一般不采用(　　)核算法。

A. 数量进价金额　　　　B. 数量售价金额

C. 进价金额　　　　D. 售价金额

四、实训题

2018 年 2 月 25 日，福建晋江先海百货食品柜 24 日库存活虾（属农副产品）6kg，25 日又向某渔民购进该活虾 250kg，每千克的进价为 38.00 元（半个月来活虾进价稳定不变），故含税零价也稳定为 70.20 元。晚上停止营业后盘存，尚余该活虾 5kg。

① 填写图表 6-19。

图表 6-19

鲜活商品核算日报表

填报单位： 年 月 日 字第 号

<table>
<tr><td rowspan="2">品名
规格</td><td rowspan="2">摘 要</td><td colspan="2">昨日存货</td><td colspan="2">本日进货</td><td colspan="2">本日盘存</td><td colspan="3">本日应收销货款（含税）</td><td rowspan="2">备
注</td></tr>
<tr><td>数量</td><td>单价</td><td>数量</td><td>单价</td><td>数量</td><td>单价</td><td>数量</td><td>单价</td><td>金 额</td></tr>
<tr><td>活虾</td><td>略</td><td></td><td></td><td></td><td></td><td></td><td></td><td></td><td></td><td></td><td></td></tr>
<tr><td rowspan="2">销售
记录</td><td colspan="3">本日实收销货款（含税）</td><td colspan="2">本日溢余</td><td colspan="2">本日损耗</td><td colspan="2">本日成本</td><td colspan="2">本日毛利</td></tr>
<tr><td colspan="3">17 409.60</td><td colspan="2"></td><td colspan="2"></td><td colspan="2"></td><td colspan="2"></td></tr>
</table>

制表：

② 编制 2018 年 2 月 26 日以库存现金购买活虾的记账凭证（用会计分录代替）。

③ 26 日，购入活虾验收后交由食品柜出售，请编制记账凭证（用会计分录代替）。

④ 假设，26 日所售活虾销货款已存入银行，请编制当日活虾销售的记账凭证（以会计分录代替）。

⑤ 结转当日已销活虾的进价成本。

项目七

其他业务的核算

练习指导

商品流通企业经常发生商品加工、代购代销、商品出租等业务。商品流通企业在经营管理过程中还要使用、消耗一定数量的低值易耗品、包装物等周转材料。

商品流通企业的会计人员应当熟练掌握加工商品、代购代销商品、出租商品、周转材料、包装物、低值易耗品的核算。

训练重点、难点

理论部分

1. 加工商品、代购代销商品、出租商品、周转材料、包装物、低值易耗品的定义。
2. 加工商品成本的计算、代购费用的分摊方式、代销货款和手续费的结算方式。
3. 包装物、低值易耗品的摊销方法。

实训部分

1. 加工商品的会计核算。
2. 代购代销商品的会计核算。
3. 包装物的会计核算。
4. 低值易耗品的会计核算。

同步练习

任务一　加工商品的核算

一、判断题（判断每小题正确与否，正确的在括号里打“√”，错误的在括号里打“×”）

1. 加工商品业务是商品流通企业因为销售需要，改变库存商品原有形态或性能的一种经营活动。(　　)

2. 商品流通企业加工商品既可以自行加工，也可以委托加工。(　　)

二、单项选择题（从每小题给出的四个备选答案中选出一个正确答案）

1. 委托加工商品收回后用于连续生产，提取（或支付）消费税时，应借记（　　）。

　A. “委托加工商品——受托加工单位”　　B. “应交税费——应交消费税”

　C. “营业税金及附加”　　D. “库存商品”

2. 应在“委托加工商品”总账下根据（　　）或者委托加工的具体商品设置明细账。

　A. 受托加工单位　　B. 委托加工单位

　C. 委托加工商品的发出时间　　D. 委托加工商品的收回时间

三、多项选择题（从每小题给出的四个备选答案中选出两个或两个以上的正确答案）

设置“委托加工商品”总账，该账户借方登记（　　）等。

A. 发出加工库存商品的进价　　B. 发出加工库存商品的售价

C. 各项加工费用　　D. 应当计入加工成本的税费

四、实训题

2016 年 9 月，福建晋江安海纺织厂委托福建晋江鸿江印染厂印染一批白坯布，具体加工过程如下，请进行相应的会计核算。

1. 福建晋江安海纺织厂发出白坯布进行委托加工，委托加工商品发货单如图表 7-1 所示。

图表 7-1

委 托 加 工 商 品 发 货 单

发货单位：第 2 仓库

加工单位：晋江鸿江印染厂　　2016 年 9 月 15 日　　字第　号

编号	品名规格	计量单位	应发数量	实发数量	单位成本	金额									
						千	百	十	万	千	百	十	元	角	分
S302	白坯布	码	5 000	5 000	8.00			¥	4	0	0	0	0	0	0
合同编号：委加 20160915 号															

发货人：周美静　　制表：周美静

根据图表 7-1 编制记账凭证（以会计分录代替）。

2. 福建晋江安海纺织厂支付意通物流往返运费 349.60 元、增值税 38.46 元，坯布加工后用于应纳增值税项目，根据运费的增值税专用发票（略）以及银行结算凭证（略）编制记账凭证（以会计分录代替）。

3. 2016 年 9 月 29 日，晋江安海纺织厂支付晋江鸿江印染厂印染费 10 000.00 元，增值税 1 700.00 元，根据晋江鸿江印染厂提供的增值税专用发票（略）及有关银行结算凭证（略）编制记账凭证（以会计分录代替）。

4．2016年9月21日，晋江安海纺织厂收回印染完的彩色布4 995码，数量比发出时少了5码，为印染过程中的合理损耗。委托加工商品收货单如图表7-2所示。

图表 7-2

委托加工商品收货单

收货单位：第1仓库

加工单位：晋江鸿江印染厂　　2016年9月21日　　字第　号

编号	品名规格	计量单位	应收数量	实收数量	单位成本	收回物资总成本				
						总额	原料	加工费	运杂费	税费
S312	彩色布	码	4 995	4 995	10.08	50 349.60	40 000.00	10 000.00	349.60	—
合同编号：委加20160915号										

验收人：周美静　　制表：周美静

请根据图表7-2编制记账凭证（以会计分录代替）。

任务二　代购代销商品的核算

一、判断题（判断每小题正确与否，正确的在括号里打“√”，错误的括号里在打“×”）

1．委托代购商品是收购企业委托其他单位代为收购指定商品的经营活动。（　　）

2．委托代购、委托代销，可以签订合同也可以不签订合同，由双方协商决定。（　　）

二、单项选择题（从每小题给出的四个备选答案中选出一个正确答案）

1．代购费用实报实销时，受托方支付代购费用时应借记（　　）。

A．“应付账款——某委托代购公司”　　B．“其他业务成本”

C．“物资采购“　　D．“应收账款——某委托代购公司”

2．采用“收取手续费”方式代销商品，受托方售出代销商品，收到委托方开具的增值税专用发票，应当借记（　　）账户。

A．“代销商品款”　　B．“应交税费——应交增值税（进项税额）”

C．“应付账款”　　D．“受托代销商品”

三、多项选择题（从每小题给出的四个备选答案中选出两个或两个以上的正确答案）

按代购费用分摊方式的不同，委托代购可以分为（　　）等。

A．代购费用实报实销　　B．代购费用定额包干

C．作价交接加另算代购费用　　D．作价交接，不另算代购费用

四、实训题

业务1：2018年5月，大都食品公司与新农收购站签订代购合同，大都食品公司委托新农收购站代购非转基因西红柿15 000kg，收购价为6.00元/kg，代购费用实报实销。

① 2018年5月3日，大都食品公司签发转账支票，汇出代购资金90 000.00元，根据相关单据（略）编制记账凭证（以会计分录代替）。

② 2018年5月8日，大都食品公司收到的代购清单显示：15 000kg西红柿收购总价为90 000.00元，人工费9 000.00元，装卸费500.00元，运杂费（普通发票）500.00元。经核查无误，转账补付货款10 000.00元，请编制记账凭证（以会计分录代替）。

③ 委托代购的西红柿15 000kg全部验收入库，含税单位售价为11.70元/kg，请审核“收货单”等相关原始凭证，并编制记账凭证（以会计分录代替）。

业务2：2018年6月，新农收购站与海都商业城签订代购合同，新农收购站受海天商业城委托代购哈蜜瓜20 000kg，收购价为3.00元/kg，代购手续费按收购价的15%计算，代购过程中的实际费用由受托方承担。

① 2018年6月10日，新农收购站收到海都商业城汇入的代购资金50 000.00元，请根据银行进账单等单据编制记账凭证（以会计分录代替）。

② 2018年6月11日，新农收购站以现金支付向农民收购哈蜜瓜的款项60 000.00元，根据付款凭证等单据编制记账凭证（以会计分录代替）。

③ 2018年6月11日，新农收购站以现金支付哈蜜瓜的采购费用5 340.00元，根据付款凭证等单据编制记账凭证（以会计分录代替）。

④ 2018年6月12日，海都商业城补汇代购哈蜜瓜的价款以及定额包干费用的差额19 000.00元，请根据银行进账单等单据编制记账凭证（以会计分录代替）。

⑤ 编制结转定额包干费用（60 000.00×15%）的记账凭证（以会计分录代替）。

业务3：2018年7月，福建男都服饰有限公司与百联商场签订代销新品“清凉一夏”T恤衫合同，合同规定：① 福建男都服饰委托代销的新品“清凉一夏”T 恤衫，每件供货价（含税）为 117.00 元；② 受托方百联商场可自行决定新品“清凉一夏”T 恤衫的零售价，但不再向委托方收取代销手续费；③ 受托方每月提供一份代销清单，结算一次货款。

① 福建男都服饰有限公司于 2018 年 7 月 2 日按合同规定发出“清凉一夏”T 恤衫 1 000 件，每件生产成本为 60.00 元。根据“委托代销商品发货单”（略）财务联编制记账凭证（以会计分录代替）。

② 福建男都服饰有限公司于 2018 年 7 月 29 日收到百联商场开具的代销清单（清单上注明当月销售“清凉一夏”T 恤衫 800 件），于是根据清单开出增值税专用发票，发票注明：价款 80 000.00 元，增值税税额 13 600.00 元，根据增值税专用发票的记账联（略）等有关单据编制记账凭证（以会计分录代替）。

③ 结转已销“清凉一夏”T 恤衫的成本。

业务 4：百联商场与福建男都服饰有限公司签订代销新品“清凉一夏”T 恤衫合同，合同规定：① 委托方福建男都服饰提供的新品“清凉一夏”T 恤衫，每件供货价（含税）为 117.00 元；② 受托方百联商场可自行决定新品“清凉一夏”T 恤衫的零售价，但不再向委托方收取代销手续费；③ 受托方每月提供一份代销清单，结算一次货款。

① 2018 年 7 月 2 日，百联商场收到福建男都服饰股份有限公司按合同规定发来的“清凉一夏”T 恤衫 1 000 件，每件接受价为 100.00 元，含税零售价为 198.90 元。根据“代销商品入库单”财务联编制记账凭证（以会计分录代替）。

② 2018 年 7 月 29 日，百联商场服装柜送来的“交款单”和“商品进销存报告表”显示：1 000 件“清凉一夏”T 恤衫售出 800 件，款项均已直接存入银行基本存款账户，请编制记账凭证（以会计分录代替）。

③ 百联商场结转“清凉一夏”T 恤衫的代销成本。

④ 2018 年 7 月 30 日，百联商场收到福建男都服饰股份有限公司开具的增值税专用发票，请编制记账凭证（以会计分录代替）。

⑤ 百联商场单独结转受托代销商品“清凉一夏”T 恤衫的进销差价，请根据有关单据编

制记账凭证（以会计分录代替）。

⑥ 百联商场单独分解受托代销商品“清凉一夏”T 恤衫的销项增值税，请根据有关单据编制记账凭证（以会计分录代替）。

任务三　出租商品的核算

一、判断题（判断每小题正确与否，正确的在括号里打“√”，错误的在括号里打“×”）

1．有形资产租赁包括融资租赁和经营租赁，“营改增”后，均征收增值税。（　　）

2．企业将一部分存货的使用权在某一时期内转移给消费者，并向消费者收取一定的租金或押金，这部分存货就是出租商品。（　　）

二、单项选择题（从每小题给出的四个备选答案中选出一个正确答案）

“出租商品”账户（　　）。

A．期末一般无余额

B．期末余额一般在贷方

C．期末余额可能在借方，也可能在贷方

D．期末余额在借方，反映尚未摊销报废的出租商品成本

三、多项选择题（从每小题给出的四个备选答案中选出两个或两个以上的正确答案）

“出租商品”可以按（　　）设置明细账，进行明细核算。

A．出租商品的类别　　B．出租商品的品名

C．出租商品的规格　　D．承租客户

四、实训题

百联商场婚礼用品柜采用进价金额核算法，2018 年 8 月，百联商场婚礼用品柜将 10 套婚纱转为出租专用，具体业务过程如下。

1．2018 年 8 月 28 日，企业的“商品内部调拨单”显示，10 套单位进价为 1 980.00 元的双喜牌婚纱转为出租用，请编制记账凭证（以会计分录代替）。

2．2018 年 9 月 1 日，10 套双喜牌婚纱出租给天长地久影楼，转账收取押金 35 000.00 元，请根据有关原始凭证编制记账凭证（以会计分录代替）。

3．百联商场婚礼用品柜出租的 10 套双喜牌婚纱，每月租金 2 808.00（含税）元，从押金中扣除，请根据有关原始凭证编制记账凭证（以会计分录代替）。

4．每个月应分摊（摊销期为12个月）出租婚纱成本1 650.00元，请根据有关原始凭证编制记账凭证（以会计分录代替）。

5．2019年9月1日，10套双喜牌婚纱租期已满，对方归还了婚纱，百联商场婚礼用品柜转账退还剩余押金1 304.00元，请根据有关原始凭证编制记账凭证（以会计分录代替）。

注：收回的婚纱在“备查账”上登记。

任务四　周转材料的核算

一、判断题（判断每小题正确与否，正确的在括号里打“√”，错误的在括号里打“×”）

周转材料是商品流通企业的商品存货。（　　）

二、单项选择题（从每小题给出的四个备选答案中选出一个正确答案）

周转材料多供企业内部使用，除（　　）外，一般不随商品流转而转移。

A．低值易耗品　　B．包装物

C．物料用品　　D．无正确选项

三、多项选择题（从每小题给出的四个备选答案中选出两个或两个以上的正确答案）

周转材料是企业用于（　　）的材料物资、包装物、低值易耗品及废旧物资等。

A．业务经营　　B．设备维修、劳动保护

C．销售　　D．办公

四、实训题

业务1：百联商场2018年10月2日购进材料物资铁钉10kg，每千克（不含税）进价为30.00元，增值税专用发票显示：价款300.00元，增值税51.00元。铁钉已验收入库，价税款以现金支付，请根据有关原始凭证编制记账凭证（以会计分录代替）。

业务2：百联商场各部门按企业“周转材料领用制度”领用材料，10月30日，当月“材料物资领用汇总表”显示：本月行政管理部门领用铁钉1kg，业务部门领用铁钉2kg，请根据有关原始凭证编制记账凭证（以会计分录代替）。

任务五　包装物的核算

一、判断题（判断每小题正确与否，正确的在括号里打“√”，错误的在括号里打“×”）

1．包装物的采购费用，无论数额大小，都必须计入包装物的采购成本。(　　)

2．商品流通企业的包装物也可以在“周转材料——包装物”账户核算。(　　)

二、单项选择题（从每小题给出的四个备选答案中选出一个正确答案）

1．商业企业一次性包装材料如纸、绳、铁丝等，应在（　　）账户进行会计核算。

A．“原材料”　　B．“包装物”　　C．“周转材料”　　D．“库存商品”

2．商业企业作为商品经营购进的包装物，应在（　　）账户进行会计核算。

A．“原材料”　　B．“包装物”　　C．“周转材料”　　D．“库存商品”

三、多项选择题（从每小题给出的四个备选答案中选出两个或两个以上的正确答案）

1．商品流通企业的包装物是用于盛装和包扎商品的物资，包括（　　）等。

A．一次性耗用的包装材料　　B．企业内部周转使用的包装物

C．企业用来储存保管商品的包装物　　D．以出售为目的购进的包装商品

2．商品流通企业用来储存和保管商品的包装物可能在（　　）账户进行会计核算。

A．“包装物”　　B．“低值易耗品”　　C．“周转材料”　　D．“固定资产”

四、实训题

业务 1：百联商场晋江食品柜腾空木箱 20 个，15 个可作为包装物继续使用，每个估计 6.00 元，5 个作为废品出售，收到现金 10 元，请编制记账凭证（以会计分录代替）。

业务 2：捷龙超市晋江英林店受惠泉啤酒厂委托，回收惠泉啤酒瓶，具体业务过程如下。

① 捷龙超市晋江英林店回收啤酒瓶 2 000 只，每只回收价 0.30 元，付现金 600.00 元，请根据有关原始凭证编制记账凭证（以会计分录代替）。

注：回收的啤酒瓶计入备查账。

② 惠泉啤酒厂取走酒瓶，转账支付价款 600.00 元、手续费 200.00 元，请根据有关原始凭证编制记账凭证（以会计分录代替）。

注：注销备查账上的啤酒瓶。

业务 3：捷龙超市晋江金井店食品柜领用木箱 20 个，每个 30.00 元。其中，12 个随同商品出售，不单独计价，8 个作为食品柜存放商品周转使用，请根据有关原始凭证编制记账凭证（以会计分录代替）。

业务 4：捷龙超市晋江金井店食品柜在销售商品时出租“包装物——塑料箱”100 个给海宏集团后勤部，租期为 6 个月，具体业务过程如下。

① 发出包装物塑料箱 100 个，每个成本价 21.00 元，请根据包装物出库单编制记账凭证（以会计分录代替）。

② 转账收到包装物押金 4 000.00 元，请根据收款收据和银行进账单编制记账凭证（以会计分录代替）。

③ 金井店按月（分 6 个月）摊销出租包装物，请编制记账凭证（以会计分录代替）。

④ 按月确认含税租金收入（从押金中扣除）585.00 元，请根据有关原始凭证编制记账凭证（以会计分录代替）。

⑤ 海宏集团后勤部按时归还 100 个塑料箱，扣除 6 个月租金后，用现金退还剩余押金 490.00 元，请根据有关原始凭证编制记账凭证（以会计分录代替）。

⑥ 收回塑料箱完全报废，假设该出租包装物已全部摊销，请根据有关单据编制报废的记账凭证（以会计分录代替）。

任务六　低值易耗品的核算

一、判断题（判断每小题正确与否，正确的在括号里打“√”，错误的在括号里打“×”）

1. 低值易耗品是指单位价值较低或者使用年限较短的用具和设备。(　　)

2. 商业企业有些用具虽然单位价值较高而且使用年限较长，也作为低值易耗品处理，如各种磅秤、非机动车辆等。(　　)

二、单项选择题（从每小题给出的四个备选答案中选出一个正确答案）

采用一次摊销法，行政管理部门领用低值易耗品时应借记（　　）。

A. “低值易耗品——在用”　　B. “管理费用”

C. “低值易耗品——摊销”　　D. “销售费用”

三、多项选择题（从每小题给出的四个备选答案中选出两个或两个以上的正确答案）

商品流通企业的低值易耗品可以通过（ ）账户进行核算。

A．“周转材料” B．“包装物” C．“低值易耗品” D．“固定资产”

四、实训题

百联商场领用一批低值易耗品，总价 3 000.00 元，其行政部门领用 900.00 元，业务部门领用 2 100.00 元。该公司对低值易耗品采用五五摊销法，请根据有关原始凭证（略）进行账务处理。

1．领用低值易耗品，根据出库单编制记账凭证（以会计分录代替）。

2．根据低值易耗品领用时的摊销单据编记账凭证（以会计分录代替）。

3．根据低值易耗品报废时的摊销单据编记账凭证（以会计分录代替）。

4．低值易耗品报废时回收残料 200 元，其中，行政管理部门收回 80.00 元，业务部门收回 120.00 元，请根据入库单（略）编制记账凭证（以会计分录代替）。

项目八

长期资产的核算

练习指导

长期资产是企业拥有的变现周期在一年以上或一个营业周期以上的资产。商品流通企业的长期资产主要有固定资产、无形资产、其他长期资产等。

商业会计人员应当熟悉各项长期资产的含义及确认标准，掌握固定资产、无形资产及其他长期资产的核算。

训练重点、难点

理论部分

1. 固定资产的含义、确认条件、分类及计价。
2. 折旧的含义、影响折旧的因素、折旧的提取范围及方法。
3. 无形资产的含义、确认条件、特征、内容及计价。
4. 其他长期资产的含义及内容。

实训部分

1. 自建固定资产的会计核算。
2. 固定资产减少的会计核算。
3. 固定资产后续支出的会计核算。
4. 转让无形资产的会计核算。

同步练习

任务一　固定资产的核算

一、判断题（判断每小题正确与否，正确的在括号里打“√”，错误的在括号里打“×”）

1. 企业的项目只要符合固定资产的含义就可以确认为企业的固定资产。（　　）
2. 固定资产的计价基础是历史成本，也就是企业购建某项固定资产的实际成本。（　　）
3. 投资者投入的固定资产，按投资各方确认的价值入账，不公允的除外。（　　）

4．经营租入固定资产，应当通过“固定资产”账户核算其价值。（　　）

5．购进需要安装且费用由购买方承担的固定资产，视同简单的“自建固定资产”。（　　）

6．固定资产折旧是在固定资产的使用寿命内，按照确定的方法对固定资产应计折旧额进行系统的分摊。（　　）

7．提前报废的固定资产应当继续提取折旧，直到折旧提足为止。（　　）

8．固定资产投入使用后，发生的维修、更新改造等支出为固定资产的后续支出。（　　）

9．企业应设置“固定资产清理”账户，核算固定资产的出售、报废和毁损。（　　）

10．固定资产账面价值高于其可回收金额的现象一旦出现，就应当计提减值准备。（　　）

二、单项选择题（从每小题给出的四个备选答案中选出一个正确答案）

1．（　　）的入账价值应包括购建固定资产时支付的增值税进项税额。

A．商业企业营业柜台（价值和使用年限均达到固定资产标准）

B．商业企业送货用的小货车

C．商业企业加工商品用的加工设备

D．小规模纳税人购入的小轿车（负责人日常工作使用）

2．固定资产按（　　）分为自有固定资产和融资租入固定资产。

A．经济用途　　B．产权关系　　C．使用情况　　D．综合分类

3．融资租赁固定资产，以租赁开始日（　　）作为入账价值。

A．租赁资产公允价值

B．租赁资产最低租赁付款额

C．在租赁资产公允价值与最低租赁付款额中，选择数额较低者

D．在租赁资产公允价值与最低租赁付款额的现值中，选择数额较低者

4．改扩建固定资产以（　　）作为入账价值。

A．原账面价值

B．改扩建发生的支出

C．原账面价值加上改扩建发生的支出减去改扩建发生的变价收入

D．原账面价值减去改扩建发生的支出加上改扩建发生的变价收入

5．使用（　　）计算折旧时，不考虑固定资产净残值。

A．平均年限法　　B．工作量法　　C．年数总和法　　D．双倍余额递减法

6．固定资产后续支出可能使流入企业的经济利益超过事先预计，应（　　）。

A．给予费用化处理　　B．给予资本化处理

C．计入营业外支出　　D．计入管理费用

7．（　　）不会影响固定资产折旧的提取金额。

A．固定资产原值　　B．固定资产日常保养

C．固定资产净残值　　D．固定资产使用寿命

8．某公司2017年6月销售一批2009年之前（即扩大增值税抵扣范围以前）购进的固定资产，取得收入107 120.00元，则应征收的增值税销项税额为（　　）。

A．107 120.00×4%=4 284.80（元）

B．107 120.00÷（1+4%）×2%=2 060.00（元）

C．107 120.00×3%=3 213.60（元）

D．107 120.00÷（1+3%）×2%=2 080.00（元）

9．（　　）不提折旧。

A．本月增加的固定资产本月　　B．本月减少的固定资产本月

C．上月增加的固定资产本月　　D．以融资租赁方式租出的固定资产

10．提取固定资产减值准备，应提取的金额是（　　）。

A．固定资产账面价值

B．固定资产可回收金额

C．当固定资产账面价值高于可回收金额时，两者的差额

D．当固定资产账面价值低于可回收金额时，两者的差额

三、多项选择题（从每小题给出的四个备选答案中选出两个或两个以上的正确答案）

1．商业企业的固定资产是指使用寿命超过一个会计年度，为（　　）而持有的具有实物形态的资产项目。

A．生产商品　　B．提供劳务　　C．出租或经营管理　D．出售

2．盘盈固定资产，（　　）作为入账价值。

A．市场上有同类固定资产的，以该固定资产市场价格

B．市场上有同类固定资产的，以该固定资产市场价格减去估计折旧

C．市场上无同类固定资产的，以该固定资产预计未来现金流量

D．市场上无同类固定资产的，以该固定资产预计未来现金流量的现值

3．企业自建固定资产无论是自营还是出包，都要设置“在建工程”总账，并在总账下开设（　　）等明细账，进行明细核算。

A．建筑工程　　B．安装工程　　C．技术改造工程　　D．大修理工程

4．无形损耗严重的固定资产一般采用快速折旧法，如（　　）。

A．平均年限法　B．工作量法　　C．年数总和法　　D．双倍余额递减法

5．（　　），已抵扣的增值税进项税额不用转出。

A．已抵扣进项税额的固定资产正常报废

B．已抵扣进项税额的固定资产正常出售

C．已抵扣进项税额的固定资产提前报废

D．提足折旧继续使用的固定资产

四、实训题

业务 1：2016 年 8 月，福建远华商业股份有限公司购入一台食品加工包装设备，购买价为 200 000.00 元，增值税为 34 000.00 元（有关原始凭证略），转账付讫，安装费用 10 000.00 元由出售方承担。固定资产安装完毕，验收合格交付使用，固定资产验收单如图表 8-1 所示。

图表 8-1

固 定 资 产（交 接、验 收）单

2016 年 8 月 9 日　　　　第 20160809 号

<table>
<tr><td>编号</td><td>固定资产名称</td><td colspan="2">规格型号</td><td>数量</td><td colspan="2">出售（或承建）单位</td><td>附：技术资料</td></tr>
<tr><td>2016-08</td><td>加工设备</td><td colspan="2"></td><td>1 台</td><td colspan="2">石狮工贸有限公司</td><td rowspan="7"></td></tr>
<tr><td>原值</td><td>其中：设备费</td><td colspan="2">安装费</td><td>预计使用年限</td><td colspan="2">预计净残值率：1.5%</td></tr>
<tr><td>200 000.00</td><td>200 000.00</td><td colspan="2">无</td><td>10 年</td><td colspan="2">预计净残值：3 000.00</td></tr>
<tr><td colspan="5">验　　　收</td><td>保管使用人</td><td>部门主管</td></tr>
<tr><td colspan="2">验收部门</td><td colspan="2">验收人签章</td><td>验收意见</td><td>签章</td><td>签章</td></tr>
<tr><td colspan="2">加工车间</td><td colspan="2">丁达华</td><td>合格</td><td>丁达华</td><td>吴丽丽</td></tr>
</table>

验收人：李勇常　　　　制表：李勇常

根据图表 8-1 及有关单据（略）编制固定资产验收入库的记账凭证（用会计分录代替）。

业务 2：2016 年 5—12 月，华联商城自建一座仓库，发生下列业务，请进行相应的账务处理。

① 2016 年 5 月 3 日，购入仓库建设用材料，总价为 600 000.00 元，增值税进项税额为 66 000.00 元，材料已验收入库（入库单略），价税款转账付讫（转账凭证略），请编制记账凭证（以会计分录代替）。

② 同年 6 月 5 日，仓库开工建设，领用工程物资，请编制记账凭证（以会计分录代替）。

③ 同年 8 月 10 日，仓库建设领用生产用原材料，总价为 102 000.00 元，请编制记账凭证（以会计分录代替）。

④ 同年 12 月 25 日，提取工程建设人员的薪酬，总额为 298 000.00 元，请编制记账凭证（以会计分录代替）。

⑤ 同年 12 月 29 日，仓库建设完毕，验收交付使用，并办理竣工决算，结转工程成本，请编制记账凭证（以会计分录代替）。

业务 3：2016 年 12 月，华联商城在财产清查中盘盈一台台式计算机，单据如图表 8-2 所示。

图表 8-2

固定资产盘盈盘亏表

2016 年 *12* 月 *30* 日

固定资产编号	名称	规格型号	盘盈			盘亏			毁损			原因
			数量	重置价值	新旧程度	数量	原值	折旧	数量	原值	折旧	
A16815	台式计算机	台	*1*	*8 000*	六成新							
处理意见	审批部门					清查小组			使用管理部门			
	按会计准则规定处理 生李印华					负责人：刘涛			行政部门			

① 根据图表 8-2 编制盘盈待处理固定资产的记账凭证（以会计分录代替）。

② 经董事会决定，由财务部按《企业会计准则》的规定进行处理，请编制记账凭证（以会计分录代替）。

业务 4：2017 年 1 月 30 日，华联商城购入一台对食品进行小袋包装的智能设备，该设备原值为 1 200 000.00 元，预计使用寿命为 5 年，预计残值为 90 000.00 元，预计清理费用为 30 000.00 元，请分别采用 4 种折旧方法对其提取折旧。

① 采用平均年限法提取该项固定资产的年折旧额、月折旧额。

该项固定资产净残值=

该项固定资产年折旧额=

该项固定资产月折旧额=

② 如果该智能设备在预计使用寿命内包装 45 600 000 袋食品，2017 年该智能设备共包装 9 120 000 袋食品，请计算该设备 2017 年应提的折旧额。

单位工作量折旧额=

2017 年小袋包装智能设备年折旧额=

③ 如果公司考虑到技术进步因素，决定对该设备采用加速折旧法的年数总和法提取折旧，请计算其每年的折旧率及应提折旧额。

第一年折旧率=

第一年折旧额=

第二年折旧率=

第二年折旧额=

第三年折旧率=

第三年折旧额=

第四年折旧率=

第四年折旧额=

第五年折旧率=

第五年折旧额=

④ 如果公司考虑到技术进步因素，决定对该设备采用双倍余额递减法提取折旧，请计算其折旧率及每年应提的折旧额。

折旧率=

第一年折旧额=

第二年折旧额=

第三年折旧额=

第四、第五年的折旧额=

业务 5：华联商城拥有农副产品批发商场一座，原价为 2 800 000.00 元，预计使用年限为

50 年，现已使用 30 年，已提折旧 1 680 000.00 元。由于扩大经营的需要，决定对其进行改造，以提高使用面积。改扩建工程承包给某建筑商，请财务部门参与监督管理并进行会计核算。

① 商场停用，不提折旧，将其原值转入在建工程，编制记账凭证（以会计分录代替）。

② 经财务部门审核，改扩建中，按合同规定，支付给承包商工程款总计 600 000.00 元，全部通过银行转账付讫，请编制记账凭证（以会计分录代替）。

③ 改扩建工程完工，经有关部门验收合格，交付使用，财务部门根据有关单据编制记账凭证（以会计分录代替）。

④ 改扩建后，提高了使用面积，并使商场的使用寿命延长了 20 年。如果不考虑建设时间，请计算改扩建后的折旧年限。

改扩建后的折旧年限＝

业务 6：晋江安海机械股份有限公司 2016 年 12 月 10 日将不需要使用的设备一台对外出售，该设备于 2011 年 3 月份购入，原值为 800 000 元，增值税进项税额已全部抵扣，已提折旧 300 000 元，请财务部门监督该设备的清理销售工作并进行相应的会计核算。

① 将要对外出售的固定资产转入清理，编制记账凭证（以会计分录代替）。

② 转账支付清理费用 7 500 元，编制记账凭证（以会计分录代替）。

③ 转账收到设备销售款（含税）491 400.00 元，编制记账凭证（以会计分录代替）。

④ 结转固定资产出售净损益，编制记账凭证（以会计分录代替）。

业务 7：晋江安海机械股份有限公司于 2017 年 3 月盘亏小型机台一套，有关资料如图表 8-3 所示。

① 盘亏机台，企业高层尚未给出处理意见，编制记账凭证（以会计分录代替）。

图表 8-3

固定资产盘盈盘亏表

2017年3月30日　　　　单位：万元

固定资产编号	名称	规格型号	盘盈			盘亏			毁损			原因
			数量	重置价值	新旧程度	数量	原值	折旧	数量	原值	折旧	
B217330	小型机台	套				1	12	7				
处理意见	审批部门				清查小组				使用管理部门			
	按会计准则规定处理　海蔡印安				负责人：陈国英				基本生产车间			

② 经董事会研究决定，盘亏机台，主要是使用者管理不当造成的，由设备使用者赔偿20%，其余按《企业会计准则》的规定处理，编制记账凭证（以会计分录代替）。

任务二　无形资产的核算

一、判断题（判断每小题正确与否，正确的在括号里打“√”，错误的在括号里打“×”）

1．无形资产是企业拥有或控制的没有实物形态的可辨认的非货币性资产。(　　)

2．企业的无形资产包括企业生产产品时领用的商标。(　　)

3．通过债务重组取得的无形资产，以取得无形资产时的市场价值为入账价值。(　　)

4．一般来讲，如果无形资产的使用寿命确定，其残值应视为零。(　　)

二、单项选择题（从每小题给出的四个备选答案中选出一个正确答案）

1．下列不属于企业无形资产的是（　　）

A．专有技术　　B．特许经营权　　C．专利权　　D．土地所有权

2．(　　）不受法律保护，具有经济性、机密性、动态性的特点。

A．专利权　　B．专有技术　　C．特许经营权　　D．著作权

3．企业应采用（　　）摊销企业依法确认的无形资产。

A．直线法　　B．工作量法　　C．年数总和法　　D．加速摊销法

4．目前，企业出售下列无形资产中著作权、商标权、商誉所有权时，(　　)。

A．免征增值税　　B．按6%的税率征收增值税

C．按11%的税率征收增值税　　D．按17%的税率征收增值税

三、多项选择题（从每小题给出的四个备选答案中选出两个或两个以上的正确答案）

1．一项资产要被确认为企业的无形资产，除了符合无形资产的定义外，还必须同时满足的条件是（　　）。

A．与该项资产有关的经济利益很可能流入企业

B．该项资产的成本能够可靠地计量

C．与该项资产有关的经济利益很可能流出企业

D．该项资产的使用期在 1 个营业周期以上

2．无形资产具有（　　）等特征。

A．非实体性

B．持有的目的是销售

C．具有可辨认性

D．能在较长时间内为企业带来经济效益，但其所提供经济利益的大小具有不确定性

3．企业持有（　　）的无形资产时，且导致无形资产账面价值高于其可回收金额时，应将其差额提取无形资产减值准备。

A．已被新技术取代，为企业创造经济利益的能力大幅下降

B．已超过法律保护期限，还保有部分使用价值

C．市价在当期大幅下跌，并在剩余摊销期内不会恢复

D．已被证明发生了大幅减值的情形

四、实训题

业务 1：2015 年 8 月，华联商城开始研究“超市商品最佳库存量”管理软件，财务部门参与监督管理并进行会计核算。

① 从 2015 年 8 月 1 日起至 2015 年 12 月 31 日止为“超市商品最佳库存量”管理软件的研究阶段，期间共领用原材料 15 000.00 元，提取研究人员薪酬 104 000.00 元，转账支付其他研究费用 83 000.00 元，请根据有关单据（略）编制记账凭证（以会计分录代替）。

② 2015 年 12 月 31 日，经确认当年发生的各项研发支出均属研究阶段支出，请编制记账凭证（以会计分录代替）。

③ 2016 年“超市商品最佳库存量”管理软件进入开发阶段，当年提取开发人员薪酬为 280 000.00 元，转账支付其他研究费用 170 000.00 元，这些费用均符合资本化条件，请根据有关单据（略）编制记账凭证（以会计分录代替）。

④ 2016 年 12 月 30 日，“超市商品最佳库存量”管理软件研发完成并成功申请专利，确认为企业的无形资产并投入使用，请编制记账凭证（以会计分录代替）。

业务 2：从 2017 年 1 月 1 日起，华联商城对“超市商品最佳库存量”管理软件进行累计摊销，经评估，该无形资产无净残值，公司决定在 5 年内将该项无形资产摊销完毕。

① 计算华联商城“超市商品最佳库存量”管理软件的年累计摊销额、月累计摊销额。

② 编制按月提取累计摊销额的会计凭证（以会计分录代替）。

业务 3：2019 年 1 月 1 日，华联商城准备采用从国外购进的“超市零库存营销模式”管理软件，于是将“超市商品最佳库存量”管理软件（该管理软件已提足 2 年的摊销，但没提取减值准备）及其技术转让给海得超市，转账获得收入 320 000.00 元。华联商城邀请本公司的技术顾问指导海得超市技术人员熟悉掌握“超市商品最佳库存量”管理软件各项技术及其运用，时间为 1 个月，薪酬 20 000 元由华联商城转账支付。1 个月后转让过程全部结束，请根据相关单据编制记账凭证（以会计分录代替）。

注：“营改增”后，转让专利权、非专利技术不征收营业税，改为征收增值税，但目前增值税税率为零。

任务三　其他长期资产的核算

一、判断题（判断每小题正确与否，正确的在括号里打“√”，错误的在括号里打“×”）

1．长期资产是企业拥有的变现周期在一年以上或一个营业周期以上的资产。（　　）

2．长期待摊费用是指企业已经支出但摊销期限在一年以上（含一年）的各项费用。（　　）

二、单项选择题（从每小题给出的四个备选答案中选出一个正确答案）

1．下列属于企业其他长期资产的是（　　）。

A．长期股权投资　　B．长期待摊费用

C．投资性房地产　　D．在建工程与工程物资

2．（　　）往往是经国家、省市批准，为专门用途而储存的物资。

A．特种储备物资　　B．长期待摊费用

C．长期股权投资　　D．在建工程与工程物资

三、多项选择题（从每小题给出的四个备选答案中选出两个或两个以上的正确答案）

1．商品流通企业的长期资产主要有（　　）等。

A．固定资产　　B．低值易耗品　　C．无形资产　　D．其他长期资产

2．下列属于企业其他长期资产的是（　　）。

A．特种储备物资　　B．税务纠纷冻结物资

C．未决诉讼冻结财产　　D．海外纠纷冻结财产

四、实训题

2016 年 1 月 1 日—12 月 31 日，张三和李四两位投资人合资筹建一家公司，该公司命名为福

海商贸股份有限公司，筹建期间，发生下列业务，请以该公司会计的身份进行账务处理。

1. 转账收到投资人张三投入的货币资金 1 500 000.00 元，请根据银行转账凭证编制记账凭证（以会计分录代替）。

2. 收到李四投入一沿街房产，作为公司经营场地。该房产系 8 年前购进，经评估，当前公允价值为 1 500 000.00 元，根据房产过户凭证等编制记账凭证（以会计分录代替）。

3. 筹建期间发生差旅费 36 050.00 元，已转账付讫，请编制记账凭证（以会计分录代替）。

4. 筹建期间提取员工薪酬 144 000.00 元，请编制记账凭证（以会计分录代替）。

5. 筹建期间转账支付水电费 45 000.00 元、增值税 7 650.00 元，请编制记账凭证（以会计分录代替）。

6. 筹建期间办理各类证件，以库存现金支付办证费用 4 350.00 元，请编制记账凭证（以会计分录代替）。

7. 筹建期间，多次转账支付（每次招待费金额都较少，属于必要支出）业务招待费，总计 8 900.00 元，请编制记账凭证（以会计分录代替）。

8. 2017 年 1 月 1 日，福海商贸股份有限公司正式营业，核销企业筹建期间发生的开办费，请编制记账凭证（以会计分录代替）。

项目九

流动负债的核算

练习指导

流动负债是指在一年或超过一年的一个营业周期内必须偿还的债务。流动负债具有偿还期短、偿还额小、偿还形式多样化的特点。

商业会计人员应当了解流动负债的含义、分类及管理要求，熟练掌握应付账款、预收账款、短期借款、应付票据、应付职工薪酬的核算。

训练重点、难点

理论部分

1. 流动负债的含义、分类及管理要求。
2. 短期借款利息的提取及支付形式。
3. 商业汇票的含义及分类。
4. 职工薪酬的范围及核算要求。

实训部分

1. 短期借款的核算。
2. 应付票据的核算。
3. 应付职工薪酬的核算。

同步练习

任务一　应付账款的核算

一、判断题（判断每小题正确与否，正确的在括号里打“√”，错误的在括号里打“×”）

1. 应付账款是商业企业因采购存货或接受劳务而产生的应付未付款项。(　　)
2. 应付账款属于应付金额不能肯定的流动负债。(　　)

二、单项选择题（从每小题给出的四个备选答案中选出一个正确答案）

应付账款的入账时间为（　　）的时间。

A．销货方发出存货　　B．存货所有权发生转移

C．向银行办妥托收手续　　D．购货方收到存货

三、多项选择题（从每小题给出的四个备选答案中选出两个或两个以上的正确答案）

关于应付账款，下列表述错误的有（　　）。

A．应付账款是负债类科目，期末余额一定在贷方

B．资产负债表中“应付账款”项目的金额根据“应付账款”总账期末余额直接填列

C．当应付账款期末余额在借方时，应付账款实质上变成了资产类科目

D．应付账款只登记尚未支付的货款，不包括尚未支付的增值税进项税额

四、实训题

2018 年 3 月 20 日，晋江安海钢材批发市场从三明钢铁厂购进一批钢材，增值税专用发票注明：价款 210 000.00 元，增值税 35 700.00 元。钢材已验收入库，但款项尚未支付，请根据钢材验收入库单（略）等原始凭证编制记账凭证（以会计分录代替）。

任务二　预收账款的核算

一、判断题（判断每小题正确与否，正确的在括号里打“√”，错误的在括号里打“×”）

1．预收账款是企业按合同规定，在发货之前向购货企业预先收取的一部分货款。（　　）

2．预收账款形成的债务必须以货币偿还，而非货物。（　　）

二、单项选择题（从每小题给出的四个备选答案中选出一个正确答案）

如果发生的预收款项不多，企业也可以直接在（　　）账户中核算。

A．“应收账款”　　B．“应付账款”

C．“预付账款”　　D．可以在前三项中任选一项

三、多项选择题（从每小题给出的四个备选答案中选出两个或两个以上的正确答案）

属于应付金额可以肯定的流动负债有（　　）。

A．短期借款　　B．预收账款

C．应付的产品售后服务费用　　D．应付票据

四、实训题

2018 年 4 月 30 日，福建晋江 362° 鞋业股份有限公司与厦门泰华贸易股份有限公司达成以预收货款方式，销售适合东南亚消费需求的运动鞋 10 000 双的合同协议。

1．2018 年 5 月 2 日，福建晋江 362° 鞋业股份有限公司收到厦门泰华贸易股份有限公司汇来的购鞋款 1 989 000.00 元，根据银行结算单据编制记账凭证（以会计分录代替）。

2．2018 年 5 月 3 日，福建晋江 362° 鞋业股份有限公司按合同规定向厦门泰华贸易股份有限公司发送运动鞋 10 000 双，含税价为 1 989 000.00 元，增值税税率为 17%。根据增值税专用发票等单据确认销售收入，编制记账凭证（以会计分录代替）。

任务三　短期借款的核算

一、判断题（判断每小题正确与否，正确的在括号里打“√”，错误的在括号里打“×”）

1．短期借款是企业为满足日常商业经营活动而向银行或者其他金融机构借入的期限在一年以内（包含一年）的各种款项。（　　）

2．短期借款利息一般采用分月预提、季末支付的方式进行。（　　）

二、单项选择题（从每小题给出的四个备选答案中选出一个正确答案）

某企业的营业周期为 18 个月，该企业于 2016 年 8 月向银行借入一笔为期 15 个月的款项，一般来说，应在（　　）账户中核算。

A．“长期借款”　B．“短期借款”　C．“其他应付款”　D．“长期应付款”

三、多项选择题（从每小题给出的四个备选答案中选出两个或两个以上的正确答案）

企业应设置（　　）账户，核算短期借款利息的提取与支付。

A．“短期借款”　B．“应付利息”　C．“财务费用”　D．“应收利息”

四、实训题

2018 年 6 月 30 日，福建鸿海钢贸股份有限公司从中国建设银行晋江支行借入年利率为 6%、期限为 6 个月的临时款项 500 000.00 元。合同规定每季的季末付息，期满一次还本。“中国建设银行（流动资金贷款）借款凭证（回单）”如图表 9-1 所示。

1．2018 年 6 月 30 日，根据“中国建设银行（流动资金贷款）借款凭证（回单）”等原始凭证编制记账凭证（以会计分录代替）。

2．2018 年 7 月 30 日，按月提取短期借款利息，请编制记账凭证（以会计分录代替）。

注：月息 =

3．2018 年 9 月 30 日，支付本季度（7 ~ 8 月有提取，9 月尚未提取）应付利息，请编制记账凭证（以会计分录代替）。

图表 9-1

中国建设银行（流动资金贷款）借款凭证（回单） ③

编号　　　　　　　　**日期**贰零壹捌**年**陆**月**叁拾**日**　　　　　　　　银行编号 218630

<table>
<tr><td rowspan="3">收款单位</td><td>全　称</td><td colspan="3">福建鸿海钢贸股份有限公司</td><td rowspan="3">借款单位</td><td>全　称</td><td colspan="10">福建鸿海钢贸股份有限公司</td><td rowspan="9">此联系核定放款回单代借款单位往来户收款通知</td></tr>
<tr><td>账　号</td><td colspan="3">5263086353</td><td>放款账号</td><td colspan="10">601323071</td></tr>
<tr><td>开户银行</td><td colspan="3">中国建设银行晋江支行</td><td>开户银行</td><td colspan="10">中国建设银行晋江支行</td></tr>
<tr><td colspan="2">借款期限
（最后还款日）</td><td colspan="2">2018.12.30</td><td>利率</td><td>6%</td><td>起息日期</td><td colspan="10">2018.6.30</td></tr>
<tr><td colspan="2" rowspan="2">借款申请额</td><td colspan="5" rowspan="2">人民币（大写）　伍拾万元整</td><td>千</td><td>百</td><td>十</td><td>万</td><td>千</td><td>百</td><td>十</td><td>元</td><td>角</td><td>分</td></tr>
<tr><td></td><td>¥</td><td>5</td><td>0</td><td>0</td><td>0</td><td>0</td><td>0</td><td>0</td><td>0</td></tr>
<tr><td colspan="2" rowspan="2">借款原因及用途</td><td colspan="2" rowspan="2">流动周转资金</td><td colspan="3" rowspan="2">银行核定金额</td><td>千</td><td>百</td><td>十</td><td>万</td><td>千</td><td>百</td><td>十</td><td>元</td><td>角</td><td>分</td></tr>
<tr><td></td><td>¥</td><td>5</td><td>0</td><td>0</td><td>0</td><td>0</td><td>0</td><td>0</td><td>0</td></tr>
<tr><td colspan="3" rowspan="3">备注：</td><td>期　限</td><td colspan="3">计划还款日期</td><td colspan="10">计划还款金额</td></tr>
<tr><td>6 个月</td><td colspan="3">2018.12.30</td><td colspan="10">¥ 240 000.00</td></tr>
<tr><td colspan="14">上述借款业已同意贷给并转入你单位往来账户，借款到期应按期归还。
此致
借款单位：福建著成服饰有限公司
（银行盖章）2018 年 6 月 30 日
中国建设银行福建省分行 晋江支行 2018.06.30 转讫</td></tr>
</table>

任务四　应付票据的核算

一、判断题（判断每小题正确与否，正确的在括号里打“√”，错误的在括号里打“×”）

1．应付票据是商品流通企业在规定的期限内需要偿还给商品供货方或者劳务提供方的商业汇票。(　　)

2．“应付票据”账户只反映票据的票面金额，带息票据的利息应在“财务费用”账户反映。(　　)

二、单项选择题（从每小题给出的四个备选答案中选出一个正确答案）

商业汇票是以合法的商品交易为基础，由收款人或付款人签发，承兑人承兑，承诺在(　　)的某一指定时间支付一定款项的书面凭证。

A．6 个月内（包含 6 个月）　　B．6 个月内（不包含 6 个月）

C．9 个月内（包含 9 个月）　　D．9 个月内（不包含 9 个月）

三、多项选择题（从每小题给出的四个备选答案中选出两个或两个以上的正确答案）

应当在“应付票据”的备查账上登记的项目有(　　)。

A．交易合同号码　　B．票面利率　　C．承兑单位　　D．票据种类

四、实训题

福建鸿海钢贸股份有限公司于 2018 年 3 月 5 日开出一张面值为 117 000.00 元、期限为 6 个月的不带息的商业承兑票据，向三明钢铁厂采购一批钢材。

1．福建鸿海钢贸股份有限公司采购员持该汇票前往三明钢铁厂采购钢材，收到三明钢铁厂开具的“增值税专用发票”的发票联和抵扣联。该增值税专用发票上注明：钢材的价款总额是 100 000.00 元，增值税进项税额是 17 000.00 元。财务部根据有关单据编制记账凭证（以会计分录代替）。

2．福建鸿海钢贸股份有限公司转账支付银行承兑手续费 420.00 元，根据银行结算凭证编制记账凭证（以会计分录代替）。

3．到期承付票款，福建鸿海钢贸股份有限公司根据收款方委托收款凭证的付款通知编制记账凭证（以会计分录代替）。

任务五　应付职工薪酬的核算

一、判断题（判断每小题正确与否，正确的在括号里打“√”，错误的在括号里打“×”）

1．应付职工薪酬是商品流通企业为了获得职工提供的服务而给予各种形式的报酬以及其他相关支出。（　　）

2．已经实行分离办社会职能的企业，设在企业内的福利机构人员薪酬应在企业的“应付职工薪酬”账户核算。（　　）

二、单项选择题（从每小题给出的四个备选答案中选出一个正确答案）

1．企业以自己的产品或外购商品发放给职工作为福利，应在应付职工薪酬项下的（　　）明细分类账中，进行明细核算。

A．职工的福利费　　B．其他与获得职工服务相关的支出

C．非货币性福利　　D．职工的津贴和补贴

2．商业企业提取工程建设人员薪酬时，应当借记（　　）账户。

A．“应付职工薪酬”　　B．“在建工程”

C．“固定资产”　　D．“管理费用”

三、多项选择题（从每小题给出的四个备选答案中选出两个或两个以上的正确答案）

1．流动负债具有（　　）的特点。

A．偿还期短　　B．偿还额小

C．偿还形式多样化　　D．偿还形式单一化

2. 应当列入职工薪酬范围的有医疗保险、养老保险、(　　)。

A. 失业保险费和工伤保险

B. 职工住房公积金

C. 工会经费和职工教育经费

D. 因解除与职工的劳动关系给予的补偿

四、实训题

业务 1：福建晋江捷龙超市提取、发放员工薪酬的相关业务。

① 福建晋江捷龙超市于 2016 年 2 月 28 日编制本月的“职工工资费用分配表”，本月应付职工薪酬总额为 320 000.00 元，其中，公司管理人员的工资为 48 000.00 元，销售人员的工资为 272 000.00 元，请根据“职工工资费用分配表（略）”等原始凭证编制记账凭证（以会计分录代替）。

② 2016 年 3 月 5 日，福建晋江捷龙超市扣除为职工垫付的水电费 8 000.00 元后，将员工 2018 年 6 月份的实发工资 312 000.00 元转到员工个人的工资卡上，请根据结算凭证等单据编制记账凭证（以会计分录代替）。

业务 2：2016 年 3 月 8 日，福建晋江捷龙超市组织女员工参加厦门一日游的业务。

① 福建晋江捷龙超市女员工参加旅游的总费用为 10 000.00 元，其中，管理人员的旅游费用为 2 000.00 元，销售人员的旅游费用为 8 000.00 元，请根据“职工薪酬分配表（略）”等原始凭证编制记账凭证（以会计分录代替）。

② 福建晋江捷龙超市于 2018 年 3 月 9 日转账支付厦门某旅游公司旅游费用，共计人民币 10 000.00 元，请根据银行结算凭证等单据编制记账凭证（以会计分录代替）。

业务 3：福建晋江捷龙超市 2016 年员工辞退及补偿计划与实施过程。

① 因经济不景气，福建晋江捷龙超市 2016 年 1 月 30 日董事会会议决定，本年计划将辞退员工 10 人，在春节过后开始执行。根据有关法律规定，企业应在解除劳动关系时一次性补偿每位员工人民币 12 000.00 元，企业根据辞退计划，编制辞退福利表并编制记账凭证（以会计分录代替）。

② 福建晋江捷龙超市于 2018 年 3 月 10 日正式辞退 10 名员工，并将辞退补偿款转入被辞退员工的个人账户中，请根据银行结算凭证等单据编制记账凭证（以会计分录代替）。

项目十

长期负债的核算

练习指导

商品流通企业的长期负债是指偿还期在一年以上的债务，与流动负债相比，长期负债具有偿还期长、偿还额多、收益高但风险大的特点。我国现行会计制度规定，非流动负债应当以实际发生额入账。

商业会计人员应当了解长期负债的含义、特点及管理要求，熟练掌握长期借款、应付债券、长期应付款的核算。

训练重点、难点

理论部分

1. 长期负债的含义、特点及管理要求。
2. 长期借款利息的提取及其账务处理。
3. 应付债券发行价的确定。
4. 长期应付款的含义及类别。

实训部分

1. 长期借款的核算。
2. 应付债券的核算。
3. 长期应付款的核算。

同步练习

任务一　长期借款的核算

一、判断题（判断每小题正确与否，正确的在括号里打“√”，错误的在括号里打“×”）

1. 长期借款是商业企业向银行或者其他金融机构借入的期限在一年以上（不含一年）的各种款项。(　　)

2. 商业企业应设置“长期借款”账户，进行总分类核算，并按贷款金融机构设置明细账户，进行明细核算。(　　)

二、单项选择题（从每小题给出的四个备选答案中选出一个正确答案）

商业企业筹建期间发生的借款利息，应借记（　　）账户。

A．“应付利息”　　B．“财务费用”

C．“管理费用”　　D．“长期待摊费用”

三、多项选择题（从每小题给出的四个备选答案中选出两个或两个以上的正确答案）

商业企业因自建或购入固定资产而借入的长期款项发生的利息，应（　　）。

A．在工程完工前计入“在建工程”账户，工程完工后计入“固定资产”账户

B．在固定资产达到预定可使用状态前的长期借款利息，借记“在建工程”账户

C．在固定资产达到预定可使用状态后的长期借款利息，借记“财务费用”账户

D．无论工程是否完工，均记入“管理费用”账户

四、实训题

2017 年 8 月 30 日，晋江百联商场从某银行福建分行晋江支行借入资金 300 000.00 元用于商场停车场建设，借款期限为 2 年，借款年利率为 7.2%，利息于每年年末支付一次，到期一次性归还本金及当年发生的利息。请进行相关的业务处理。

1．晋江百联商场获得贷款，存入企业账户，编制记账凭证（以会计分录代替）。

2．停车场发包给承包商建设，2017 年 9 月 1 日向承包商支付首期工程款 120 000.00 元，根据银行结算凭证、承包商收款凭证编制记账凭证（以会计分录代替）。

3．提取 2017 年 9—12 月长期借款利息，编制记账凭证（以会计分录代替）。

注：2017 年 9—12 月长期借款利息=

2018 年长期借款利息=

（提取的分录略）

4．2017 年 12 月 31 日，转账支付长期借款 2017 年 9—12 月的利息 7 200.00 元，编制记账凭证（以会计分录代替）。

5．2018 年 12 月 31 日，冷库工程验收合格，晋江百联商场采用汇兑方式向承包商支付剩余工程款 180 000.00 元，编制记账凭证（以会计分录代替）。

6．工程竣工决算交付使用，结转工程建设成本，编制记账凭证（以会计分录代替）。

注：工程成本=

7．提取 2019 年 1—8 月的长期借款利息，编制记账凭证（以会计分录代替）。

注：2019年1—8月长期借款利息=

8. 2019年8月30日，归还贷款本金以及2019年1—8月的利息，编制记账凭证（以会计分录代替）。

任务二　应付债券的核算

一、判断题（判断每小题正确与否，正确的在括号里打“√”，错误的在括号里打“×”）

1. 债券是企业为筹集资金而发行的一种书面凭证。发行债券的企业通过凭证上记载的利率、期限等，向投资人承诺在未来某一特定日期还本付息。（　　）

2. 企业发行偿还期在一年以上的债券，就构成了企业的长期负债。（　　）

二、单项选择题（从每小题给出的四个备选答案中选出一个正确答案）

企业发行债券的发行费用低于冻结资金的利息，其差额（　　）。

A. 计入营业外收入　　B. 冲减当期财务费用

C. 视同发行债券的溢价收入　　D. 冲减当期管理费用

三、多项选择题（从每小题给出的四个备选答案中选出两个或两个以上的正确答案）

企业发行债券的发行费用高于冻结资金的利息，其差额（　　）。

A. 按债券资金用途分别处理

B. 属于固定资产项目的给予资本化

C. 不能资本化的，计入当期财务费用

D. 属于其他用途的，计入当期管理费用

四、实训题

晋江百联商场因扩建（商场扩建期为2017年1月1日—2018年8月31日）需要，经批准于2017年1月1日发行2年期、票面年利率6%、到期一次还本付息的公司债券20 000 000.00元，实际发行价为19 800 000.00元，发行费用为200 000.00元，发行期间冻结资金利息收入11 560.00元。

1. 晋江百联商场实际收到发行债券的资金为19 611 560.00元，根据银行结算凭证等单据编制记账凭证（以会计分录代替）。

注：晋江百联商场发行债券实际收到的款项＝

2. 晋江百联商场按月提取债券利息。

① 在扩建工程完工之前，编制提取利息的记账凭证（以会计分录代替）。

注：月应付利息=

月应摊销的折价部分＝

② 在扩建工程完工之后，编制提取利息的记账凭证（以会计分录代替）。

3．晋江百联商场于 2019 年 1 月 1 日对所发行的债券还本付息，根据银行结算凭证等单据编制记账凭证（以会计分录代替）。

任务三　长期应付款的核算

一、判断题（判断每小题正确与否，正确的在括号里打“√”，错误的在括号里打“×”）

1．长期应付款是商业企业采用借入长期款项和发行中、长期债券以外的形式所形成的非流动负债。（　　）

2．商业企业的非流动负债应当以实际发生的金额入账。（　　）

二、单项选择题（从每小题给出的四个备选答案中选出一个正确答案）

与流动负债相比，长期负债具有偿还期长、偿还额多以及（　　）的特点。

A．收益较低，风险也较低

B．收益较低，但风险较高

C．收益较高，但风险较低

D．收益较高，但风险也较高

三、多项选择题（从每小题给出的四个备选答案中选出两个或两个以上的正确答案）

企业的长期应付款主要是（　　）所形成的非流动负债。

A．向银行借入中、长期款项

B．经营租入固定资产

C．融资租入固定资产

D．采用补偿贸易方式引进外国设备

四、实训题

晋江百联商场采用融资租赁方式租入一套不需要安装的设备，期限为 2 年，应付租赁费为 840 000.00 元，公允价值为 660 000.00 元，租赁费按年平均支付，租赁期满，该设备归新亿商城所有。

1．融资租入设备验收合格后投入使用，根据有关单据编制记账凭证（以会计分录代替）。

2．按年支付租金，根据有关单据编制记账凭证（以会计分录代替）。

3．在租赁期内按年分摊未确认的融资费用，编制记账凭证（以会计分录代替）。

项目十一

所有者权益的核算

练习指导

所有者权益是指企业所有者在企业资产中享有的经济利益，其金额表现为企业资产总额减去负债总额后的余额，即净资产。企业的所有者权益一般由实收资本、资本公积、盈余公积、未分配利润四部分构成。

商业会计人员应当了解所有者权益的含义及构成，熟练掌握实收资本、资本公积、留存收益的核算。

训练重点、难点

理论部分

1. 所有者权益的含义及构成。
2. 资本公积的含义及构成。
3. 留存收益的含义及构成。

实训部分

1. 实收资本的核算。
2. 资本公积的核算。
3. 留存收益的核算。

同步练习

任务一　实收资本的核算

一、判断题（判断每小题正确与否，正确的在括号里打“√”，错误的在括号里打“×”）

1. 实收资本是企业收到投资者按照企业章程或合同约定，实际投入企业的各种资产中应计入资本的价值。(　　)

2. 2014 年，国务院取消了注册资本限制，也不再限制股份有限公司设立时股东（发起人）的首次出资比例和缴足出资的期限，公司实收资本不再作为工商登记事项。(　　)

二、单项选择题（从每小题给出的四个备选答案中选出一个正确答案）

1．企业因发生重大亏损而减资，应贷记（　　）账户。

A．“实收资本”　　B．“资本公积”

C．“盈余公积”　　D．“利润分配——未分配利润”

2．企业股票折价发行，实收款项与股票面额的差额，应当借记（　　）账户。

A．“资本公积”　　B．“盈余公积”

C．“财务费用”　　D．“利润分配——未分配利润”

三、多项选择题（从每小题给出的四个备选答案中选出两个或两个以上的正确答案）

实收资本按投资主体的不同，分为（　　）。

A．国家资本

B．法人资本

C．个人资本和外商资本

D．货币资本、实物资本和无形资产资本

四、实训题

业务1：2015年8月8日，福建晋江望望食品股份有限公司获准在深圳创业板股票市场发行人民币普通股1 000万股，每股面值为1元，获准发行价为12元，股票价款为120 000 000.00元，发行费用为5 000 000.00元。8月15日，股票发行结束，股票发行期间冻结利息计人民币3 200 000.00元，实收款项为118 200 000.00元，请编制记账凭证（用会计分录代替）。

业务2：2016年4月3日，由于股价大跌，福建晋江望望食品股份有限公司为维护投资者利益，也为了表示对公司的发展前景充满信心，从二级市场上回购股票100 000股，每购回购价（含回购过程中支付的手续费和印花税）为7.20元，共转账支付款项720 000.00元，所购股票注销，减少企业资本份额，请编制记账凭证（用会计分录代替）。

任务二　资本公积的核算

一、判断题（判断每小题正确与否，正确的在括号里打“√”，错误的在括号里打“×”）

1．资本公积不专属于某一投资者，而是由全体投资者共同分享。（　　）

2．企业应在“资本公积”的总分类账下开设“资本（或股本）溢价”、“其他资本公积”等明细分类账，进行资本公积的明细分类核算。（　　）

二、单项选择题（从每小题给出的四个备选答案中选出一个正确答案）

1．（　　）用来转增资本。

A．资本公积不能

B．资本（或股本）溢价所产生的资本公积不能

C．其他资本公积不能

D．只要是资本公积就可以

2．自用房地产（或者房地产存货）转换为采用公允价值模式计量的投资性房地产，若公允价值小于账面价值，其差额应当借记（　　）账户。

A．“资本公积”　　B．“营业外支出”

C．“累计折旧”　　D．“公允价值变动损益”

三、多项选择题（从每小题给出的四个备选答案中选出两个或两个以上的正确答案）

资本公积包括（　　）等。

A．利得和损失

B．直接计入所有者权益的利得和损失

C．直接计入当期损益的利得和损失

D．投资者投入的超出其在企业注册资本（股本）中所占份额的资金

四、实训题

业务1：2015年8月8日，福建晋江望望食品股份有限公司将自用房地产（沿街店面）转换为采用公允价值模式计量的投资性房地产，该沿街店面账面原值为1 600 000.00元，已提折旧50 000.00元，经评估，当前公允价值为8 000 000.00元，根据有关单据编制记账凭证（用会计分录代替）。

业务2：2016年9月8日，福建晋江望望食品股份有限公司将投资性房地产（沿街店面）出售，按规定冲销与之相关的资本公积，请编制记账凭证（用会计分录代替）。

业务3：2016年12月25日，福建晋江望望食品股份有限公司董事会会议决定：对10名高层管理人员，每人授予10 000股公司股份，总计授予公司股份100 000股，具体业务过程如下。

① 2017年1月1日为权益工具授予日，每股授予股份的公允价值为9.80元，总价为980 000.00元，请编制记账凭证（用会计分录代替）。

② 2018年2月1日，达到首次行权条件，允许行权股份为50 000股，每股面值为1.00元，请编制记账凭证（用会计分录代替）。

任务三　留存收益的核算

一、判断题（判断每小题正确与否，正确的在括号里打“√”，错误的在括号里打“×”）

1．留存收益来源于企业的资本增值，是企业从历年实现的利润中提取或形成的留存于企业内部的积累。（　　）

2．盈余公积是企业按规定从利润总额中提取的各种累积资金。（　　）

3．企业的未分配利润就是企业留待以后年度分配的结存利润或者留待以后年度弥补的累积亏损。（　　）

二、单项选择题（从每小题给出的四个备选答案中选出一个正确答案）

1．当企业的法定盈余公积达到（　　）时，可以不再提取。

A．所有者权益的10%　　B．所有者权益的30%

C．注册资本的50%　　D．注册资本的60%

2．任意盈余公积是企业依据（　　），从净利润中提取的盈余公积。

A．《中华人民共和国会计法》的规定　　B．《中华人民共和国公司法》的规定

C．《企业财务会计报告条例》的规定　　D．股东大会或者类似机构的决议

3．经股东大会或者有关机构批准，盈余公积可以转增资本，但转增资本后盈余公积不得少于注册资本的（　　）。

A．10%　　B．25%　　C．35%　　D．50%

三、多项选择题（从每小题给出的四个备选答案中选出两个或两个以上的正确答案）

1．企业的留存收益主要由（　　）组成。

A．盈余公积　　B．资本公积　　C．未分配利润　　D．所得税费用

2．企业的盈余公积金主要用于（　　）。

A．弥补亏损　　B．转增资本

C．改善职工福利　　D．发放现金利润或股利

四、实训题

2015年，福建晋江好邻居食品股份有限公司亏损5 000 000.00元，经董事会研究决定，用以前年度盈余公积弥补本年亏损，有关业务过程如下。

① 用企业盈余公积3 000 000.00元弥补本年度的亏损，本年度亏损未弥补部分留待以后年度的利润弥补，请编制记账凭证（用会计分录代替）。

② 2015年，结平利润分配有关明细账户，请编制记账凭证（用会计分录代替）。

项目十三

费用的核算

练习指导

费用是指企业在日常活动中发生的，会导致所有者权益减少的，与向所有者分配利润无关的经济利益的总流出。商业企业的费用又称商品流通费用，是商品从生产领域向消费领域转移过程中的必要投入。

商业会计人员应当了解商品流通费用的含义及构成，熟练掌握销售费用、管理费用、财务费用的核算。

训练重点、难点

理论部分

1. 商品流通费用的含义及构成。
2. 销售费用的含义及构成。
3. 管理费用的含义及构成。
4. 财务费用的含义及构成。

实训部分

1. 销售费用的核算。
2. 管理费用的核算。
3. 财务费用的核算。

同步练习

任务一　销售费用的核算

一、判断题（判断每小题正确与否，正确的在括号里打“√”，错误的在括号里打“×”）

1. 销售费用是商品流通企业在商品销售、保管环节发生的各项必要耗费。(　　)

2. 实行分类（或柜组）核算的商品流通企业，销售费用也应按商品大类或柜组分户，以便进行明细分类核算，计算各大类商品或各柜组的经营成果。(　　)

二、单项选择题（从每小题给出的四个备选答案中选出一个正确答案）

销售费用按照大类商品或者柜组进行会计核算的，可以根据具体业务选择直接认定法或者选择（　　）。

A．间接认定法　　B．平均分配法　　C．比例分摊法　　D．定额分配法

三、多项选择题（从每小题给出的四个备选答案中选出两个或两个以上的正确答案）

商品流通企业发生下列费用，应在“销售费用”账户核算的有（　　）。

A．出口商品累计佣金　　B．经营人员薪酬

C．仓储保管费　　D．商品损耗

四、实训题

业务 1：2018 年 1 月 2 日，福建晋江捷龙超市委托广告公司进行 2018 年晋江市春节商品展销会捷龙馆的布展工作。2018 年 1 月 8 日，布展完毕，福建晋江捷龙超市财务部开出转账支票，支付广告公司布展费用 12 000.00 元。请编制记账凭证（用会计分录代替）。

业务 2：福建晋江捷龙超市 2018 年 5 月销售总额为 6 000 000.00 元，其中，家电柜组销售 3 600 000.00 元，食品柜组销售 1 800 000.00 元，服装柜组销售 600 000.00 元，本月超市销售部门共发生水电费 36 000.00 元。请分摊各柜组应负担的运杂费、装卸费，并进行相应的账务处理。

① 月末会计对当月发生的水电费进行一次性分摊。

家电柜组：

销售额占全部销售额的百分比 =

本月应分摊的费用 =

食品柜组：

销售额占全部销售额的百分比 =

本月应分摊的费用 =

服装柜组：

销售额占全部销售额的百分比 =

本月应分摊的费用 =

② 会计根据出纳人员提供的付款单据、本月水电费分配表等原始凭证编制记账凭证（用会计分录代替）。

任务二　管理费用的核算

一、判断题（判断每小题正确与否，正确的在括号里打“√”，错误的在括号里打“×”）

1．管理费用是商品流通企业的行政管理部门为组织和管理企业经营活动所发生的各项必要耗费。（　　）

2．企业发生的与商品流通过程没有直接关系的各项支出，不属于企业的费用，不需要进行会计核算。（ ）

二、单项选择题（从每小题给出的四个备选答案中选出一个正确答案）

1．下列项目中，不应在“管理费用”账户中进行会计核算的有（ ）。

A．无形资产摊销　　B．业务招待费

C．技术转让费　　D．计提不良资产减值准备

2．下列项目中，应当在“管理费用”账户中进行会计核算的有（ ）。

A．商标注册费　　B．对外投资支出

C．赞助和捐赠支出　　D．行政人员薪酬

三、多项选择题（从每小题给出的四个备选答案中选出两个或两个以上的正确答案）

企业支付（或提取）下列税款时，应在“管理费用”账户核算的是（ ）等。

A．印花税　　B．房产税　　C．增值税　　D．车船使用税

四、实训题

业务1：2015年8月8日，福建晋江望望食品股份有限公司在晋江金井万佳酒店招待客户，以现金支付餐费850.00元，请根据有关单据编制记账凭证（用会计分录代替）。

业务2：2015年8月30日，福建晋江望望食品股份有限公司对某项用于企业管理的无形资产进行摊销，该项无形资产月摊销额为1 560.00元，请编制记账凭证（用会计分录代替）。

业务3：福建晋江望望食品股份有限公司经理级别以上员工有10名，公司为他们每人提供一辆可以免费使用的轿车，每辆轿车的价值为120 000.00元，有关业务过程如下。

① 决定将轿车提供给高级员工使用，根据有关会议记录、轿车交付使用单据等提取非货币性职工薪酬，请编制记账凭证（用会计分录代替）。

② 对交付高级员工使用的轿车按月提取折旧，每月应提折旧额为10 000.00元，请编制记账凭证（用会计分录代替）。

任务三　财务费用的核算

一、判断题（判断每小题正确与否，正确的在括号里打“√”，错误的在括号里打“×”）

1．财务费用是商品流通企业为筹集业务经营所需要的资金而发生的费用。（ ）

2．为筹集固定资产购建资金所发生的利息支出一律记入“财务费用”账户。（ ）

二、单项选择题（从每小题给出的四个备选答案中选出一个正确答案）

（　　）是指企业在日常活动中发生的，会导致所有者权益减少的，与向所有者分配利润无关的经济利益的总流出。

A．管理费用　　　　B．销售费用

C．财务费用　　　　D．费用

三、多项选择题（从每小题给出的四个备选答案中选出两个或两个以上的正确答案）

企业发生下列费用，应在“财务费用”账户核算的有（　　）。

A．企业财务人员的薪酬　　　　B．企业经营性资金的存款利息

C．汇兑损益　　　　D．金融机构的手续费

四、实训题

业务1：2015年，福建晋江好邻居食品股份有限公司向民生银行贷款1 000 000.00元，用于补充企业的流动资金，贷款时间为3个月，年贷款利率为6%，有关业务如下。

① 贷款得到民生银行批准，借入款项1 000 000.00元已转到企业银行账户，请编制记账凭证（用会计分录代替）。

② 按月提取贷款利息，请编制记账凭证（用会计分录代替）。

③ 到期还本付息（前两个月的利息已经预提，第三个月的利息尚未提取），请编制记账凭证（用会计分录代替）。

业务2：2015年4月1日，福建晋江好邻居食品股份有限公司转账收到银行转来的企业第一季度存款利息832.60元，请编制记账凭证（用会计分录代替）。

项目十三

税金的核算

练习指导

商业企业的税金是指按照税法规定应缴纳的各种税款，主要有增值税、消费税、城市维护建设税、房产税、城镇土地使用税、车船使用税、印花税及所得税等。

商业会计人员应当了解税金的含义及种类，熟练掌握增值税、消费税、城市维护建设税、教育费附加、城镇土地使用税、车船使用税、印花税的核算。

训练重点、难点

理论部分

1. 税金的含义及构成。
2. 增值税的含义、类型、纳税人及应纳税款的计算。
3. 消费税的含义、类型、纳税人及应纳税款的计算。
4. 城市维护建设税和教育费附加的含义、纳税人及应纳税款的计算。

实训部分

1. 增值税的核算。
2. 消费税的核算。
3. 城市维护建设税及教育费附加的核算。

同步练习

任务一 增值税的核算

一、判断题（判断每小题正确与否，正确的在括号里打“√”，错误的在括号里打“×”）

1. 增值税是对从事销售或加工、修理修配劳务、进口货物的单位和个人，以其取得的增值额为计税依据征收的一种流转税。(　　)

2. 增值税一般纳税人是指年应征增值税销售额超过《增值税暂行条例实施细则》规定的小规模纳税人标准的企业和企业性单位。(　　)

3．企业出口退税的金额 = 出口货物的售价 × 出口退税率。（　　）

4．计算生产型增值税时，允许扣除外购固定资产价值。（　　）

5．小规模纳税人不得使用增值税专用发票。（　　）

6．购进企业自用的（应征消费税）摩托车、汽车、游艇及专门用于非应征项目、应税项目的固定资产，其购进时的增值税进项税额不得抵扣。（　　）

二、单项选择题（从每小题给出的四个备选答案中选出一个正确答案）

1．计算增值税时，允许将外购固定资产的折旧部分扣除，属于（　　）增值税。

A．收入型　　B．生产型　　C．消费型　　D．混合型

2．向税务局缴纳上月应交增值税，应借记（　　）账户。

A．“应交税费——应交增值税（已交）”

B．“应交税费——未交增值税”

C．“应交税费——未交增值税（已交）”

D．“应交税费——应交增值税（上月未交增值税）”

3．下列各项中，可以抵扣的进项税额有（　　）。

A．一般纳税人从销货方取得的增值税专用发票上注明的增值税税额

B．小规模纳税人从销货方取得的增值税专用发票上注明的增值税税额

C．外购或销售货物所付运费，物流企业出具普通发票，按 11%的扣除率计算进项税额

D．小规模纳税人购买免税农业产品按买价 13%的扣除率计算的进项税额

三、多项选择题（从每小题给出的四个备选答案中选出两个或两个以上的正确答案）

1．下列行为视同销售货物的是（　　）。

A．委托他人代销货物或者销售代销货物

B．将代购货物交付给委托人

C．将自产、进口或者购入的货物无偿转让给其他单位或个人

D．因停业、破产、解散等原因，将剩余存货抵偿债务、分配给投资人

2．增值税销项税额等于（　　）。

A．含税销售额 × 税率

B．含税销售额 ÷（1+增值税税率）× 税率

C．不含税销售额 × 税率

D．不含税销售额 ÷（1+增值税税率）× 税率

3．一般纳税人不得从销项税中抵扣的进项税额有（　　）。

A．从海关取得的完税凭证上注明的增值税税额

B．购买免税农业产品按买价 13%的扣除率计算的进项税额

C．非正常损失的购进货物

D．非正常损失的在产品、产成品所耗用的购进货物或应税劳务

四、实训题

2018 年 3 月，福建省晋江市星光集团与增值税相关的经济业务如下。

业务 1：福建省晋江市星光集团 2018 年 3 月购进材料总计价款为 1 300 000.00 元，增值税专用发票（略）上注明税款为 221 000.00 元，材料已验收入库，价税款均转账付讫。请根据有关单据编制记账凭证（用会计分录代替）。

业务 2：福建省晋江市星光集团 3 月 16 日，财产清查中，发现霉变材料一批。

① 霉变材料价值为 10 000.00 元，已无法回收利用价值，原因待查，请编制处理前的记账凭证（用会计分录代替）。

② 材料霉变的原因主要是管理人员在雨天忘记关窗所致，属于管理不善。该材料对应的增值税进项税额 1 700 元理应转出，请编制处理的记账凭证（用会计分录代替）。

业务 3：福建省晋江市星光集团 2018 年 3 月销售商品总计价款为 2 500 000.00 元，增值税专用发票（略）上注明税款为 425 000.00 元，商品已发出，价税款均转账收讫。请根据有关单据编制记账凭证（用会计分录代替）。

业务 4：福建省晋江市星光集团于 2018 年 3 月 30 日，转账支付本月应交的增值税为 200 000.00 元，请根据有关单据编制记账凭证（用会计分录代替）。

业务 5：福建省晋江市星光集团于 2018 年 3 月 30 日，计算本月应结转的增值税（本月应结转的增值税=425 000+1 700－221 000.00－200 000.00）5 700.00 元，请编制结转本月增值税的记账凭证（用会计分录代替）。

业务 6：根据业务 1～业务 5 的资料，在图表 13-1 上登记“应交税费——应交增值税”明细账并进行月结。

图表 13-1

应交税费——应交增值税

单位：元

日期		凭证（略）	摘要	借方					贷方					借或贷	余额
				合计	进项税额	已交税费	出口抵销内销产品应纳税额	转出未交增值税	合计	销项税额	出口退税	进项税额转出	转出多交增值税		
2	…	…	…	…	…	…	…	…	…	…	…	…	…	平	0
2	28		本月合计	680 000	351 000	329 000			680 000	680 000				平	0
3	略														
3	略														
3	略														
3	略														
3	略														
3															

任务二　消费税的核算

一、判断题（判断每小题正确与否，正确的在括号里打"√"，错误的在括号里打"×"）

1．消费税是对从事生产、委托加工和进口应税消费品的单位和个人所取得的销售收入征收的一种税。（　　）

2．实行从价定率应税消费品，包装物随同销售的，如果是单独计价的，则包装物的价格不应计入消费品销售额中一并征税。（　　）

3．境内生产应税消费品，由生产者在应税消费品完工入库时纳税。（　　）

二、单项选择题（从每小题给出的四个备选答案中选出一个正确答案）

1．从价定率征收的应税消费品的计税销售额是纳税人销售应税消费品（　　）。

A．收取的（不含增值税）全部价款

B．收取的（不含增值税）全部价款及一切价外费用

C．收取的（含增值税）全部价款

D．收取的（含增值税）全部价款及一切价外费用

2．纳税人自产自用的应税消费品，在没有同类消费品销售价格可供参考的情况下，应按组成计税价格计算，其计算公式是（　　）。

A．组成计税价格=生产成本

B．组成计税价格=生产成本+利润

C．组成计税价格=生产成本÷（1－消费税税率）

D．组成计税价格=（生产成本+利润）÷（1－消费税税率）

三、多项选择题（从每小题给出的四个备选答案中选出两个或两个以上的正确答案）

1．消费税对包装物押金的规定，正确的是（　　）。

A．包装物押金计入消费品的销售额

B．包装物押金不计入消费品的销售额

C．被没收的包装物押金转为应税消费品的销售额

D．被没收的包装物押金不必转为应税消费品的销售额

2．征收消费税时，可以采用（　　）办法计算应纳税额。

A．从价定率　　B．从量定额　　C．从价定额　　D．从量定率

四、实训题

2018年9月9日，福建省泉州百达商城从法国进口一批葡萄酒，关税的完税价格为1 200 000.00元，缴纳进口关税为60 000.00元，缴纳增值税为204 000.00元。

① 假设消费税税率为10%，请计算组成计税价格。

② 计算企业报关时应缴纳的消费税。

③ 转账缴纳消费税时，编制记账凭证（用会计分录代替）。

任务三　城市维护建设税及教育费附加的核算

一、判断题（判断每小题正确与否，正确的在括号里打“√”，错误的在括号里打“×”）

1．城市维护建设税（简称“城建税”）是国家为了加强城市的维护建设，扩大和稳定城市维护建设资金的来源，以纳税人的销售收入或营业额为计税依据而征收的一种税。(　　)

2．教育费附加是国家为了发展地方教育事业，以纳税人的销售收入或营业额为计税依据而征收的一种附加费。(　　)

二、单项选择题（从每小题给出的四个备选答案中选出一个正确答案）

(　　) 是“城建税”和教育费附加的计税依据。

A．增值税　　B．印花税

C．房产税　　D．关税

三、多项选择题（从每小题给出的四个备选答案中选出两个或两个以上的正确答案）

城市维护建设税实行地区差别的三档比例税率，具体如下：(　　)。

A．纳税人所在地为市区的，税率为 7%

B．纳税人所在地为县城、镇的，税率为 5%

C．纳税人所在地为非市区、县城或镇的，税率为 3%

D．纳税人所在地为非市区、县城或镇的，税率为 1%

四、实训题

2018 年 10 月，福建省泉州百达商城实际缴纳增值税为 51 000.00 元、消费税为 20 000.00 元，进口关税为 15 000.00 元。

① 假设“城建税”税率为 5%，请计算该商城本月应缴纳的“城建税”。

② 教育费附加征收税率为 3%，请计算该商城本月应缴纳的教育费附加。

③ 提取本月应交“城建税”和教育费附加，编制记账凭证（用会计分录代替）。

任务四　房产税、城镇土地使用税、印花税和车船使用税的核算

一、判断题（判断每小题正确与否，正确的在括号里打“√”，错误的在括号里打“×”）

1．房产税是国家向在城市、县城、建制镇、工矿区拥有房产的产权所有人征收的一种税。（　　）

2．城镇土地使用税是国家为了合理利用城镇土地，调节土地级差收入，提高土地使用效率，加强土地管理而开征的一种税。（　　）

3．车船使用税是对拥有车船并且使用车船的单位和个人，按适用的税额计算缴纳的一种财产税。（　　）

二、单项选择题（从每小题给出的四个备选答案中选出一个正确答案）

1．不需要通过“应交税费”账户核算的税种是（　　）。

A．房产税　　B．土地使用税　　C．车船使用税　　D．印花税

2．支付印花税时，应借记（　　）账户。

A．“财务费用”　　B．“应交税费——印花税”

C．“管理费用”　　D．“固定资产或库存商品等相关账户”

三、多项选择题（从每小题给出的四个备选答案中选出两个或两个以上的正确答案）

关于房产税应交税额的计算，下列表述正确的有（　　）。

A．房产税应交税额 = 房产原值 × [1–（10%～30%）] × 税率

B．没有房产原值的，由所在地税务机关参考同类房产核定

C．房产出租的，以房主租金收入为房产税的计税依据

D．房产出租的，除征收房产税外，另以房产租金收入为依据计算征收营业税

四、实训题

2018 年 11 月，福建省泉州百达商城按规定的税率计算出当月应缴纳的房产税为 5 000.00 元、城镇土地使用税为 3 000.00 元、车船使用税为 8 500.00 元，请根据有关单据编制记账凭证（用会计分录代替）。

项目十四

利润的核算

练习指导

商品流通企业的利润是企业在一定时期内各项收入抵偿各项支出后的净额。利润是反映企业管理水平的一项综合性指标，企业的经营能力、费用控制水平和资金使用效益都可以通过利润表现出来。

商业会计人员应当了解利润的构成，熟练利润核算的流程，掌握利润形成的核算、所得税费用的核算、利润分配的核算。

训练重点、难点

理论部分

1．利润的含义及构成。

2．利润核算前的准备工作、利润核算方法。

3．应付税款法和纳税影响会计法。

4．利润分配的顺序。

实训部分

1．利润形成的核算。

2．所得税费用的核算。

3．利润分配的核算。

同步练习

任务一　利润核算前的准备工作

一、判断题（判断每小题正确与否，正确的在括号里打“√”，错误的在括号里打“×”）

1．利润是反映企业管理水平的一项综合性指标，企业的经营能力、费用控制水平和资金使用效益都可以通过利润表现出来。(　　)

2．企业在年终前进行的财产清查必须是全面清查。(　　)

二、单项选择题（从每小题给出的四个备选答案中选出一个正确答案）

1. 计算利润总额前，企业应根据（　　），将本期应入账的一切经济业务全部入账。

A．收付实现制的原则　　B．权责发生制的原则

C．实质重于形式的要求　　D．可靠性的要求

2. 下列属于账实核对的是（　　）。

A．总账资产总额与总账权益总额相核对

B．总账余额与所属明细账余额之和相核对

C．存货明细账余额与存货保管使用部门的账卡相核对

D．银行存款日记账余额与银行对账单余额相核对

三、多项选择题（从每小题给出的四个备选答案中选出两个或两个以上的正确答案）

1. 为了真实、准确地核算企业的利润，企业应在利润核算前做好（　　）准备工作。

A．核对账目　　B．财产清查　　C．账项调整　　D．编制报表

2. 下列属于账账核对的是（　　）。

A．总账资产总额与总账权益总额相核对

B．总账余额与所属明细账余额之和相核对

C．应收及预付款项明细账余额与对方账项余额相核对

D．存货保管使用部门的账卡与存货实有数相核对

任务二　利润形成的核算

一、判断题（判断每小题正确与否，正确的在括号里打“√”，错误的在括号里打“×”）

1. 商品流通企业一般采用表结法结转本年利润。（　　）

2. 企业利润总额包括营业利润、营业外收支净额、以前年度损益调整等，企业按政策规定取得的减免退回税费也一并计入利润总额。（　　）

3. 账结法下，企业“本年利润”账户1—11月无任何记录。（　　）

二、单项选择题（从每小题给出的四个备选答案中选出一个正确答案）

1. 下列会计业务应通过“以前年度损益调整”账户进行核算的是（　　）。

A．固定资产盘亏　　B．固定资产盘盈

C．存货盘亏　　D．存货盘盈

2. 发现上年度少提无形资产累计摊销时，对少提的数额给予补提，应借记（　　）账户。

A．“以前年度损益调整”　　B．“管理费用”

C．“本年利润”　　D．“营业外支出”

3. 某商品流通企业，本会计期间没有发生资产减值损失、公允价值变动损失和以前年度损益调整等事项，则该企业本会计期间的营业利润等于营业收入–（　　）。

A．营业成本–期间费用（含销售费用、管理费用、财务费用）–营业税金及附加

B．营业成本–期间费用–营业税金及附加±营业外收支净额

C．营业成本–期间费用–营业税金及附加±投资净收益

D．营业成本–期间费用–营业税金及附加±营业外收支净额±投资净收益

三、多项选择题（从每小题给出的四个备选答案中选出两个或两个以上的正确答案）

1. 商品流通企业营业外支出的构成，包括（　　）等。

A. 处理流动资产非常损失　　B. 处理固定资产净损失

C. 出售无形资产所有权净损失　　D. 援外费用支出

2. 商品流通企业营业外收入的构成，包括（　　）等。

A. 盘盈固定资产　　B. 罚款收入

C. 处理固定资产净收益　　D. 确实无法支付的应付款项

四、实训题

福建省武夷新区绿油油农副产品营销中心，平时采用表结法计算企业的利润，年终时采用账结法结转全年利润。2018 年 12 月，该公司损益类账户结转本年利润前的余额如图表 14-1 所示。

图表 14-1

福建武夷新区绿油油农副产品营销中心科目余额表

2018 年 12 月 31 日

会计科目	结账前借方余额	结账前贷方余额
主营业务收入		8 200 000.00
其他业务收入		610 000.00
营业外收入		5 000.00
投资收益		75 000.00
主营业务成本	5 100 000.00	
其他业务成本	370 000.00	
营业税金及附加	500 000.00	
销售费用	920 000.00	
管理费用	600 000.00	
财务费用	185 000.00	
营业外支出	15 000.00	

1. 将损益类账户中各收入、收益类账户结转前的贷方余额转入本年利润。请根据有关单据编制记账凭证（用会计分录代替）。

2. 将损益类账户中各成本、费用、支出类账户结转前的借方余额转入本年利润。请根据有关单据编制记账凭证（用会计分录代替）。

3．计算

① 2018 年全年的营业利润 =

② 2018 年全年的利润总额 =

任务三　所得税费用的核算

一、判断题（判断每小题正确与否，正确的在括号里打“√”，错误的在括号里打“×”）

1．商品流通企业所得税是税务机关向独立核算的商业企业，就其会计年度实现的应纳税所得额征收的一种税款。（　　）

2．纳税影响会计法适用于规模较小、会计核算不是很健全的商品流通企业。（　　）

3．应付税款法就是企业不考虑永久性差异对所得税的影响金额，按照当期应缴所得税和暂时性差异对所得税影响金额的合计，确认当期所得税费用。（　　）

二、单项选择题（从每小题给出的四个备选答案中选出一个正确答案）

1．纳税影响会计法就是企业（　　）。

A．确认暂时性差异对所得税的影响金额

B．不考虑暂时性差异对所得税的影响金额

C．确认永久性差异对所得税的影响金额

D．不考虑永久性差异对所得税的影响金额

2．某一暂时性差异项目造成在一段较长的时间内，企业所得税前期交得较多，后期交得较少，则根据会计利润求出的所得税费用和根据应纳税所得额求出的应交所得税之间的差额应当确认为企业的（　　）。

A．递延所得税负债　　B．递延所得税资产

C．所得税费用　　D．应交税费——应交所得税

3．某一暂时性差异项目造成在一段较长的时间内，企业所得税前期交得较少，后期交得较多，那么，该企业在后期提取所得税费用时，应编制的会计分录是（　　）。

A．借：所得税费用（按会计利润计算的所得税）
　　　递延所得税资产（差额）
　　　贷：应交税费——应交所得税（按应纳税所得额计算的所得税）

B．借：所得税费用（按会计利润计算的所得税）
　　　贷：应交税费——应交所得税（按应纳税所得额计算的所得税）
　　　　　递延所得税资产（差额）

C．借：所得税费用（按会计利润计算的所得税）
　　　贷：应交税费——应交所得税（按应纳税所得额计算的所得税）
　　　　　递延所得税负债（差额）

D．借：所得税费用（按会计利润计算的所得税）
递延所得税负债（差额）
贷：应交税费——应交所得税（按应纳税所得额计算的所得税）

三、多项选择题（从每小题给出的四个备选答案中选出两个或两个以上的正确答案）

1．造成暂时性差异的项目有（　　）等。

A．企业从被投资企业中分得的税后利润

B．资产减值准备

C．累计折旧

D．企业因违法违规而交付的罚款、罚金和滞纳金

2．造成永久性差异的项目有（　　）等。

A．企业超过年度利润总额12%的公益救济性捐赠

B．企业从非金融机构借款超出同期金融机构贷款利率的利息费用

C．企业在规定的弥补期内用本期税前利润弥补以前年度亏损

D．企业非广告性赞助支出

四、实训题

福建省武夷新区绿油油农副产品营销中心采用应付税款法核算企业所得税，2018 年，该中心全年会计利润为 1 200 000.00 元，其中国债利息收入 40 000.00 元、非广告性赞助支出 30 000.00 元。2017 年，该区绿油油农副产品营销中心亏损 70 000.00 元，请计算该中心 2018 年应纳税所得额、应纳所得税额，并编制相应的会计分录。

1．2018 年，绿油油农副产品营销中心应纳税所得额 =

2．2018 年，绿油油农副产品营销中心应纳所得税额 =

3．根据题 2 的计算结果，编制提取所得税费用的记账凭证（用会计分录代替）。

4．编制结转所得税费用的记账凭证（用会计分录代替）。

5．绿油油农副产品营销中心开出转账支票支付企业应交所得税，请编制记账凭证（用会计分录代替）。

任务四　利润分配的核算

一、判断题（判断每小题正确与否，正确的在括号里打“√”，错误的在括号里打“×”）

1．商品流通企业当年实现的净利润加上以前年度累积的未分配利润（或减去尚未弥补的历年累积亏损）为可供分配的利润。（　　）

2．当以前年度累积的法定盈余公积金达到注册资本的 50%时，企业可以不再提取盈余公积

金。（　　）

二、单项选择题（从每小题给出的四个备选答案中选出一个正确答案）

净利润扣除提取的法定公积金后为可供投资者分配的利润。可供投资者分配的利润应按下列顺序分配（　　）。

A．①应付优先股股利 ②应付普通股股利 ③转为资本或股本的普通股股利

B．①提取任意盈余公积金 ②应付优先股股利 ③转为资本或股本的普通股股利

C．①提取任意盈余公积金 ②应付优先股股利 ③应付普通股股利

D．①应付优先股股利 ②提取任意盈余公积金 ③应付普通股股利

三、多项选择题（从每小题给出的四个备选答案中选出两个或两个以上的正确答案）

关于利润分配，下列表述错误的是（　　）。

A．企业亏损就不存在利润分配的问题

B．企业净利润如何分配是企业内部的事情，不涉及国家财经制度

C．外资企业依照中国税法规定缴纳所得税后的利润，应当提取储备基金

D．外资企业依照中国税法规定缴纳所得税后的利润，应当提取法定盈余公积金

四、实训题

业务 1：福建省武夷新区绿油油农副产品营销中心 2018 年税后利润为 920 000.00 元，请按税后利润的 10%提取法定盈余公积金，编制记账凭证（用会计分录代替）。

业务 2：福建省武夷新区绿油油农副产品营销中心“利润分配——未分配利润”2018 年年初借方余额为 70 000.00 元，请计算该中心 2018 年可供分配的利润。

2018 年可供分配的利润=

业务 3：福建省武夷新区绿油油农副产品营销中心经董事会会议决定：将 2018 年可供分配的利润的 50%分配给投资人，请编制记账凭证（用会计分录代替）。

（该企业只有普通股，没有优先股，也没有计划提取任意公积金）

业务 4：福建省武夷新区绿油油农副产品营销中心将 2018 年税后利润 920 000.00 元转入利润分配，请编制记账凭证（用会计分录代替）。

业务 5：福建省武夷新区绿油油农副产品营销中心 2018 年结平利润分配有关明细分类账账户，请编制记账凭证（用会计分录代替）。

业务 6：福建省武夷新区绿油油农副产品营销中心计算 2018 年“利润分配——未分配利润”期末余额。

2018 年“利润分配——未分配利润”期末余额 =

项目十五

财务会计报告

练习指导

商业企业财务会计报告是反映企业某一特定日期的财务状况和某一会计期间经营成果和现金流量的书面文件。财务会计报告包括会计报表、会计报表附注和财务情况说明书。

商业会计人员应当熟悉财务会计报告的含义及分类、各种会计报表的含义及结构，能够熟练地编制资产负债表、利润表和现金流量表。

训练重点、难点

理论部分

1. 理解财务会计报告的概念及范畴、会计报表的概念及范畴。
2. 了解资产负债表的概念，熟悉资产负债表的结构及编制方法。
3. 了解利润表的概念，熟悉利润表的结构及编制方法。
4. 了解现金流量表的概念，熟悉现金流量表的结构及编制方法。

实训部分

1. 能够熟练地编制资产负债表。
2. 能够熟练地编制利润表。
3. 能够熟练地编制现金流量表。

同步练习

任务一　资产负债表的编制

一、判断题（判断每小题正确与否，正确的在括号里打“√”，错误的在括号里打“×”）

1. 财务会计报告是反映企业某一特定日期的财务状况和某一会计期间经营成果和现金流量的书面文件。（　　）

2. 资产负债表是综合反映企业在某一会计期间（某月、某季、某年）全部资产、负债和所有者权益状况的报表。（　　）

3．如果资产负债表本年度某些项目的名称和内容与上一年度不一致，应根据上一年度的规定，对本年度资产负债表中该项目的名称和金额进行调整，才可填入本年度相对应项目的年初数栏内。(　　)

二、单项选择题（从每小题给出的四个备选答案中选出一个正确答案）

1．编制资产负债表的理论依据是（　　）。

A．会计平衡公式　　B．借贷记账法的记账规则

C．收付实现制　　D．权责发生制

2．某企业 2018 年固定资产账户期末余额为 2 000 000.00 元，累计折旧账户期末余额为 300 000.00 元，固定资产减值准备账户期末余额为 200 000.00 元，则同期资产负债表中“固定资产”项目应填（　　）元。

A．2 000 000.00　　B．1 700 000.00　　C．1 800 000.00　　D．1 500 000.00

3．资产负债表中的“长期应付款”项目应根据（　　）填写。

A．“长期应付款”账户期末余额

B．“长期应付款”账户期末余额–未确认的融资费用–一年内到期的长期应付款

C．“长期应付款”账户期末余额–未确认的融资费用

D．“长期应付款”账户期末余额–一年内到期的长期应付款

三、多项选择题（从每小题给出的四个备选答案中选出两个或两个以上的正确答案）

1．企业财务会计报告包括（　　）等。

A．会计报表　　B．会计报表附注　　C．财务情况说明书　　D．企业年度预算

2．反映企业财务状况的是（　　）。

A．资产负债表　　B．利润表　　C．现金流量表　　D．股东权益变动表

3．资产负债表中的流动资产包括（　　）和货币资金等。

A．存货　　B．无形资产　　C．应收及预付款项　　D．交易性金融资产

四、实训题

福建省武夷新区商贸股份有限公司 2018 年 4 月份总账资料如图表 15-1 ~ 图表 15-27 所示；部分明细账户资料如图表 15-28 ~ 图表 15-35 所示。

图表 15-1

总　　账

总第　页
分第　页

科　目：库存现金

18年		记账凭证		摘　要	借方金额									核对号	贷方金额									借或贷	余额								
月	日	种类	号数		百	十	万	千	百	十	元	角	分		百	十	万	千	百	十	元	角	分		百	十	万	千	百	十	元	角	分
4	30	汇		汇总过入			5	2	0	0	0	0	0	√			4	9	8	0	0	0	0	借				8	0	0	0	0	0

图表 15-2

总　　账

总第　页
分第　页

科　目：银行存款

18年		记账凭证		摘　要	借方金额									核对号	贷方金额									借或贷	余额								
月	日	种类	号数		百	十	万	千	百	十	元	角	分		百	十	万	千	百	十	元	角	分		百	十	万	千	百	十	元	角	分
4	30	汇		汇总过入	2	8	9	3	8	0	0	0	0	√	1	3	6	2	4	0	0	0	0	借	1	5	5	0	0	0	0	0	0

图表 15-3

总　　账

总第　页
分第　页

科　目：其他货币资金

18年		记账凭证		摘　要	借方金额									核对号	贷方金额									借或贷	余　额								
月	日	种类	号数		百	十	万	千	百	十	元	角	分		百	十	万	千	百	十	元	角	分		百	十	万	千	百	十	元	角	分
4	30	汇		汇总过入			4	0	0	0	0	0	0	√										借			4	0	0	0	0	0	0

图表 15-4

总　　账

总第　页
分第　页

科　目：交易性金融资产

18年		记账凭证		摘　要	借方金额									核对号	贷方金额									借或贷	余　额								
月	日	种类	号数		百	十	万	千	百	十	元	角	分		百	十	万	千	百	十	元	角	分		百	十	万	千	百	十	元	角	分
4	30	汇		汇总过入	1	2	0	0	0	0	0	0	0	√										借	1	2	0	0	0	0	0	0	0

图表 15-5

总　　账

总第　页
分第　页

科　目：应收票据

18年		记账凭证		摘　要	借方金额									核对号	贷方金额									借或贷	余　额								
月	日	种类	号数		百	十	万	千	百	十	元	角	分		百	十	万	千	百	十	元	角	分		百	十	万	千	百	十	元	角	分
4	30	汇		汇总过入		1	0	0	0	0	0	0	0	√										借		1	0	0	0	0	0	0	0

图表 15-6

总　　账

总第　页
分第　页

科　目：其他应收款

18年		记账凭证		摘　要	借方金额									核对号	贷方金额									借或贷	余　额								
月	日	种类	号数		百	十	万	千	百	十	元	角	分		百	十	万	千	百	十	元	角	分		百	十	万	千	百	十	元	角	分
4	30	汇		汇总过入				4	0	0	0	0	0	√										借				5	0	0	0	0	0

图表 15-7

总　　账

总第　页
分第　页

科　目：商品采购

18年		记账凭证		摘　要	借方金额									核对号	贷方金额									借或贷	余　额								
月	日	种类	号数		百	十	万	千	百	十	元	角	分		百	十	万	千	百	十	元	角	分		百	十	万	千	百	十	元	角	分
4	30	汇		汇总过入		9	9	3	0	0	0	0	0	√		9	2	5	6	0	0	0	0	借		1	5	5	0	0	0	0	0

图表 15-8

总　　账

总第　页
分第　页

科　目：库存商品

18年		记账凭证		摘　要	借方金额									核对号	贷方金额									借或贷	余额								
月	日	种类	号数		百	十	万	千	百	十	元	角	分		百	十	万	千	百	十	元	角	分		百	十	万	千	百	十	元	角	分
4	30	汇		汇总过入		9	5	5	8	0	0	0	0	√		6	2	0	3	0	0	0	0	借		5	4	3	0	0	0	0	0

图表 15-9

总　　账

总第　页
分第　页

科　目：周转材料

18年		记账凭证		摘　要	借方金额									核对号	贷方金额									借或贷	余额								
月	日	种类	号数		百	十	万	千	百	十	元	角	分		百	十	万	千	百	十	元	角	分		百	十	万	千	百	十	元	角	分
4	30	汇		汇总过入				5	6	0	0	0	0	√			4	0	2	0	0	0	0	借			3	2	1	0	0	0	0

图表 15-10

总　　账

总第　页
分第　页

科　目：低值易耗品

18年		记账凭证		摘　要	借方金额									核对号	贷方金额									借或贷	余额								
月	日	种类	号数		百	十	万	千	百	十	元	角	分		百	十	万	千	百	十	元	角	分		百	十	万	千	百	十	元	角	分
4	30	汇		汇总过入			9	8	0	0	0	0	0	√			5	6	5	0	0	0	0	借			5	1	2	0	0	0	0

图表 15-11

总　　账

总第　页
分第　页

科　目：包装物

18年		记账凭证		摘　要	借方金额									核对号	贷方金额									借或贷	余额								
月	日	种类	号数		百	十	万	千	百	十	元	角	分		百	十	万	千	百	十	元	角	分		百	十	万	千	百	十	元	角	分
4	30	汇		汇总过入			9	8	0	0	0	0	0	√			3	5	8	0	0	0	0	借			8	2	4	0	0	0	0

图表 15-12

总　　账

总第　页
分第　页

科　目：长期股权投资

18年		记账凭证		摘　要	借方金额									核对号	贷方金额									借或贷	余额								
月	日	种类	号数		百	十	万	千	百	十	元	角	分		百	十	万	千	百	十	元	角	分		百	十	万	千	百	十	元	角	分
1	1			上年结转																				借	1	4	0	0	0	0	0	0	0

图表 15-13

总　账

总第　页
分第　页

科　目：固定资产

18年		记账凭证		摘要	借方金额									核对号	贷方金额									借或贷	余额								
月	日	种类	号数		百	十	万	千	百	十	元	角	分		百	十	万	千	百	十	元	角	分		百	十	万	千	百	十	元	角	分
1	1			上年结转																				借	3	0	0	0	0	0	0	0	0

图表 15-14

总　账

总第　页
分第　页

科　目：无形资产

18年		记账凭证		摘要	借方金额									核对号	贷方金额									借或贷	余额								
月	日	种类	号数		百	十	万	千	百	十	元	角	分		百	十	万	千	百	十	元	角	分		百	十	万	千	百	十	元	角	分
1	1			上年结转																				借		3	5	0	0	0	0	0	0

图表 15-15

总　账

总第　页
分第　页

科　目：短期借款

18年		记账凭证		摘要	借方金额									核对号	贷方金额									借或贷	余额								
月	日	种类	号数		百	十	万	千	百	十	元	角	分		百	十	万	千	百	十	元	角	分		百	十	万	千	百	十	元	角	分
4	30	汇		汇总过入										√		5	0	0	0	0	0	0	0	贷		5	0	0	0	0	0	0	0

图表 15-16

总　账

总第　页
分第　页

科　目：应付票据

18年		记账凭证		摘要	借方金额									核对号	贷方金额									借或贷	余额								
月	日	种类	号数		百	十	万	千	百	十	元	角	分		百	十	万	千	百	十	元	角	分		百	十	万	千	百	十	元	角	分
4	30	汇		汇总过入										√		2	0	0	0	0	0	0	0	贷		2	0	0	0	0	0	0	0

图表 15-17

总　账

总第　页
分第　页

科　目：应交税费

18年		记账凭证		摘要	借方金额									核对号	贷方金额									借或贷	余额								
月	日	种类	号数		百	十	万	千	百	十	元	角	分		百	十	万	千	百	十	元	角	分		百	十	万	千	百	十	元	角	分
4	30	汇		汇总过入		3	5	4	0	0	0	0	0	√		3	5	0	0	0	0	0	0	贷			9	5	0	0	0	0	0

图表 15-18

总　　账

科　目：应付职工薪酬　　　　　　　　　　总第　页　分第　页

18年		记账凭证		摘　要	借方金额									核对号	贷方金额									借或贷	余额								
月	日	种类	号数		百	十	万	千	百	十	元	角	分		百	十	万	千	百	十	元	角	分		百	十	万	千	百	十	元	角	分
4	30	汇		汇总过入		3	5	0	0	0	0	0	0	√		3	3	0	0	0	0	0	0	贷			1	3	5	0	0	0	0

图表 15-19

总　　账

科　目：应付利息　　　　　　　　　　总第　页　分第　页

18年		记账凭证		摘　要	借方金额									核对号	贷方金额									借或贷	余额								
月	日	种类	号数		百	十	万	千	百	十	元	角	分		百	十	万	千	百	十	元	角	分		百	十	万	千	百	十	元	角	分
4	30	汇		汇总过入			5	0	0	0	0	0	0	√										贷			5	0	0	0	0	0	0

图表 15-20

总　　账

科　目：累计折旧　　　　　　　　　　总第　页　分第　页

18年		记账凭证		摘　要	借方金额									核对号	贷方金额									借或贷	余额								
月	日	种类	号数		百	十	万	千	百	十	元	角	分		百	十	万	千	百	十	元	角	分		百	十	万	千	百	十	元	角	分
4	30	汇		汇总过入										√				8	7	3	0	0	0	贷		5	9	6	0	0	0	0	0

图表 15-21

总　　账

科　目：累计摊销　　　　　　　　　　总第　页　分第　页

18年		记账凭证		摘　要	借方金额									核对号	贷方金额									借或贷	余额								
月	日	种类	号数		百	十	万	千	百	十	元	角	分		百	十	万	千	百	十	元	角	分		百	十	万	千	百	十	元	角	分
4	30	汇		汇总过入										√				4	8	0	0	0	0	贷			9	1	5	0	0	0	0

图表 15-22

总　　账

科　目：坏账准备　　　　　　　　　　总第　页　分第　页

18年		记账凭证		摘　要	借方金额									核对号	贷方金额									借或贷	余额								
月	日	种类	号数		百	十	万	千	百	十	元	角	分		百	十	万	千	百	十	元	角	分		百	十	万	千	百	十	元	角	分
1	1			上年结转																				贷			5	8	0	0	0	0	0

图表 15-23

总　　账

总第　页
分第　页

科　目：实收资本

18年		记账凭证		摘要	借方金额									核对号	贷方金额									借或贷	余额								
月	日	种类	号数		百	十	万	千	百	十	元	角	分		百	十	万	千	百	十	元	角	分		百	十	万	千	百	十	元	角	分
1	1			上年结转																				贷	3	0	0	0	0	0	0	0	0

图表 15-24

总　　账

总第　页
分第　页

科　目：资本公积

18年		记账凭证		摘要	借方金额									核对号	贷方金额									借或贷	余额								
月	日	种类	号数		百	十	万	千	百	十	元	角	分		百	十	万	千	百	十	元	角	分		百	十	万	千	百	十	元	角	分
1	1			上年结转																				贷		5	6	4	0	0	0	0	0

图表 15-25

总　　账

总第　页
分第　页

科　目：盈余公积

18年		记账凭证		摘要	借方金额									核对号	贷方金额									借或贷	余额								
月	日	种类	号数		百	十	万	千	百	十	元	角	分		百	十	万	千	百	十	元	角	分		百	十	万	千	百	十	元	角	分
1	1			上年结转																				贷		3	8	0	0	0	0	0	0

图表 15-26

总　　账

总第　页
分第　页

科　目：利润分配

18年		记账凭证		摘要	借方金额									核对号	贷方金额									借或贷	余额								
月	日	种类	号数		百	十	万	千	百	十	元	角	分		百	十	万	千	百	十	元	角	分		百	十	万	千	百	十	元	角	分
1	1			上年结转																				贷		6	6	0	8	0	0	0	0

图表 15-27

总　　账

总第　页
分第　页

科　目：本年利润

18年		记账凭证		摘要	借方金额									核对号	贷方金额									借或贷	余额								
月	日	种类	号数		百	十	万	千	百	十	元	角	分		百	十	万	千	百	十	元	角	分		百	十	万	千	百	十	元	角	分
4	30	汇		汇总过入	1	6	4	7	0	8	0	0	0	√	1	8	9	3	0	0	0	0	0	贷		4	8	7	1	8	0	0	0

应收账款所属明细账的账户资料如图表15-28和图表15-29所示。

图表 15-28

明　细　账

科目：应收账款　　户名：沪自商城　　总第　页　分第　页

18年		记账凭证		摘要	借方金额									核对号	贷方金额									借或贷	余额								
月	日	种类	号数		百	十	万	千	百	十	元	角	分		百	十	万	千	百	十	元	角	分		百	十	万	千	百	十	元	角	分
4	25	记	54	应收销货款		6	5	0	0	0	0	0	0											借		6	5	0	0	0	0	0	0
				本月合计		6	5	0	0	0	0	0	0																				

图表 15-29

明　细　账

科目：应收账款　　户名：福贸商城　　总第　页　分第　页

18年		记账凭证		摘要	借方金额									核对号	贷方金额									借或贷	余额								
月	日	种类	号数		百	十	万	千	百	十	元	角	分		百	十	万	千	百	十	元	角	分		百	十	万	千	百	十	元	角	分
4	26	记	55	收到销货款												2	5	0	0	0	0	0	0	贷			6	1	7	2	0	0	0
				本月合计		2	0	0	0	0	0	0	0			2	5	0	0	0	0	0	0										

预收账款所属明细账的账户资料如图表15-30和图表15-31所示。

图表 15-30

明　细　账

科目：预收账款　　户名：西部商超　　总第　页　分第　页

18年		记账凭证		摘要	借方金额									核对号	贷方金额									借或贷	余额								
月	日	种类	号数		百	十	万	千	百	十	元	角	分		百	十	万	千	百	十	元	角	分		百	十	万	千	百	十	元	角	分
4	27	记	56	预收购货款		3	0	0	0	0	0	0	0											贷		3	0	0	0	0	0	0	0
				本月合计		3	0	0	0	0	0	0	0																				

图表 15-31

明　细　账

科目：预收账款　　户名：九龙批发　　总第　页　分第　页

18年		记账凭证		摘要	借方金额									核对号	贷方金额									借或贷	余额								
月	日	种类	号数		百	十	万	千	百	十	元	角	分		百	十	万	千	百	十	元	角	分		百	十	万	千	百	十	元	角	分
4	28	记	57	预收购货款												1	3	6	0	0	0	0	0	借			3	6	0	0	0	0	0
				本月合计		1	0	0	0	0	0	0	0			1	3	6	0	0	0	0	0										

应付账款所属明细账的账户资料如图表 15-32 和图表 15-33 所示。

图表 15-32

明细账

科目：应付账款　　　户名：黄河轻纺　　　总第　页　分第　页

18年		记账凭证		摘要	借方金额									核对号	贷方金额									借或贷	余额								
月	日	种类	号数		百	十	万	千	百	十	元	角	分		百	十	万	千	百	十	元	角	分		百	十	万	千	百	十	元	角	分
4	29	记	58	应付材料款												5	0	0	0	0	0	0	0	贷		2	2	5	0	0	0	0	0
				本月合计												5	0	0	0	0	0	0	0										

图表 15-33

明细账

科目：应付账款　　　户名：福塑集团　　　总第　页　分第　页

18年		记账凭证		摘要	借方金额									核对号	贷方金额									借或贷	余额								
月	日	种类	号数		百	十	万	千	百	十	元	角	分		百	十	万	千	百	十	元	角	分		百	十	万	千	百	十	元	角	分
4	30	记	59	预付部分货款													5	0	0	0	0	0	0	借			8	0	0	0	0	0	0
				本月合计		1	3	0	0	0	0	0	0				5	0	0	0	0	0	0										

长期借款所属明细账的账户资料如图表 15-34 和图表 15-35 所示。

图表 15-34

明细账

科目：长期借款　　　户名：建设银行　　　总第　页　分第　页

18年		记账凭证		摘要	借方金额									核对号	贷方金额									借或贷	余额								
月	日	种类	号数		百	十	万	千	百	十	元	角	分		百	十	万	千	百	十	元	角	分		百	十	万	千	百	十	元	角	分
1	1			上年结转																				贷	1	2	0	0	0	0	0	0	0

说明：图表 15-34 款项为 2016 年 5 月 20 日借入，为期 3 年。

图表 13-35

明细账

科目：长期借款　　　户名：工商银行　　　总第　页　分第　页

18年		记账凭证		摘要	借方金额									核对号	贷方金额									借或贷	余额								
月	日	种类	号数		百	十	万	千	百	十	元	角	分		百	十	万	千	百	十	元	角	分		百	十	万	千	百	十	元	角	分
1	1			上年结转																				贷		8	0	0	0	0	0	0	0

说明：图表 15-35 款项为 2015 年 6 月 30 日借入，为期 3 年。

根据以上资料，在图表 15-36 上编制福建省武夷新区商贸股份有限公司 2018 年 4 月份的资产负债表。

图表 15-36

资 产 负 债 表

2018 年 4 月 31 日　　会企 01 表

编制单位：武夷新区商贸股份有限公司　　单 位：元

资　产	行次	期初数	期末数	负债及所有者权益	行次	期初数	期末数
流动资产：		略		流动负债：		略	
货币资金				短期借款			
交易性金融资产				交易性金融负债			
应收票据				应付票据			
应收账款				应付账款			
预付账款				预收账款			
应收股利				应付职工薪酬			
应收利息				应交税费			
其他应收款				应付利息			
存货				应付股利			
其中：消耗性生物资产				其他应付款			
一年内到期非流动资产				一年内到期非流动负债			
其他流动资产				其他流动负债			
流动资产合计				流动负债合计			
非流动资产：				非流动负债：			
可供出售的金融资产				长期借款			
持有至到期的投资				应付债券			
投资性房地产				长期应付款			
长期股权投资				专项应付款			
长期应收款				递延所得税负债			
固定资产				其他非流动负债			
在建工程				非流动负债合计			
工程物资				负债合计			
固定资产清理				所有者（或股东）权益			
无形资产				实收资本（股本）			
开发支出				资本公积			
商誉				减：库存股			
长期待摊费用				未分配利润			
递延所得税资产				盈余公积			
其他非流动资产				所有者（或者股东）权益合计			
非流动资产合计							
资产总计				负债及所有者权益总计			

任务二　利润表的编制

一、判断题（判断每小题正确与否，正确的在括号里打“√”，错误的在括号里打“×”）

1．利润表是反映企业在一定期间赢利或亏损情况的报表。（　　）

2．编制利润表的理论依据是“收入 － 费用 =利润”这一会计等式。（　　）

3．利润表中“本期金额”栏内各项数字，为编制报表月份的当月发生额。（　　）

二、单项选择题（从每小题给出的四个备选答案中选出一个正确答案）

1．2018 年 5 月，某企业“利润表”中的上期金额，应填列的是该企业（　　）。

A．2018 年 4 月份当月发生额　　B．2018 年 1—4 月份累计发生额

C．2017 年 5 月份当月发生额　　D．2017 年 1—5 月份累计发生额

2．在采用表结法的月份，如果本年利润贷方余额为 500 000.00 元，利润分配借方余额为 200 000.00 元，则资产负债表中的“未分配利润”项目应填写（　　）。

A．500 000.00 元　　B．200 000.00 元

C．300 000.00 元　　D．700 000.00 元

3．利润表中根据同名账户的当期累计借方发生额直接填列的项目有（　　）。

A．营业收入　　B．投资收益

C．财务费用　　D．所得税费用

三、多项选择题（从每小题给出的四个备选答案中选出两个或两个以上的正确答案）

1．企业的利润表由（　　）三部分组成。

A．表首　　B．基本部分　　C．表尾　　D．补充资料

2．利润表中“营业税金及附加”项目反映企业应负担的（　　）等，应根据同名账户累计借方发生额填列。

A．增值税　　B．消费税

C．城市维护建设税　　D．教育费附加

3．利润表中“营业收入”项目应根据（　　）当期累计贷方发生额汇总填列。

A．主营业务收入　B．其他业务收入　　C．营业外收入　　D．投资收益

四、实训题

福建省武夷新区商贸股份有限公司 2018 年 1—2 月份损益类账户如图表 15-37～图表 15-48 所示。

图表 15-37

总　　账

总第　页
分第　页

科目：主营业务收入

18年		记账凭证		摘要	借方金额									核对号	贷方金额									借或贷	余额								
月	日	种类	号数		百	十	万	千	百	十	元	角	分		百	十	万	千	百	十	元	角	分		百	十	万	千	百	十	元	角	分
0	31	汇		汇总过入	3	7	0	4	3	0	0	0	0	√	3	7	0	4	3	0	0	0	0	平							0		
2	28	汇		汇总过入	4	9	0	0	2	8	0	0	0	√	4	9	0	0	2	8	0	0	0	平							0		

图表 15-38

总　　账

总第　页
分第　页

科目：其他业务收入

18年		记账凭证		摘要	借方金额									核对号	贷方金额									借或贷	余额								
月	日	种类	号数		百	十	万	千	百	十	元	角	分		百	十	万	千	百	十	元	角	分		百	十	万	千	百	十	元	角	分
1	31	汇		汇总过入		1	8	0	6	2	0	0	0	√		1	8	0	6	2	0	0	0	平							0		
2	28	汇		汇总过入		2	7	3	0	8	0	0	0	√		2	7	3	0	8	0	0	0	平							0		

图表 15-39

总　　账

总第　页
分第　页

科目：主营业务成本

18年		记账凭证		摘要	借方金额									核对号	贷方金额									借或贷	余额								
月	日	种类	号数		百	十	万	千	百	十	元	角	分		百	十	万	千	百	十	元	角	分		百	十	万	千	百	十	元	角	分
1	31	汇		汇总过入	2	3	0	0	0	5	0	0	0	√	2	3	0	0	0	5	0	0	0	平							0		
2	28	汇		汇总过入	3	0	1	0	4	3	0	0	0	√	3	0	1	0	4	3	0	0	0	平							0		

图表 15-40

总　　账

总第　页
分第　页

科目：其他业务成本

18年		记账凭证		摘要	借方金额									核对号	贷方金额									借或贷	余额								
月	日	种类	号数		百	十	万	千	百	十	元	角	分		百	十	万	千	百	十	元	角	分		百	十	万	千	百	十	元	角	分
1	31	汇		汇总过入		1	2	5	0	0	0	0	0	√		1	2	5	0	0	0	0	0	平							0		
2	28	汇		汇总过入		2	1	0	0	0	0	0	0	√		2	1	0	0	0	0	0	0	平							0		

图表 15-41

总　　账

总第　页
分第　页

科目：营业税金及附加

18年		记账凭证		摘要	借方金额									核对号	贷方金额									借或贷	余额								
月	日	种类	号数		百	十	万	千	百	十	元	角	分		百	十	万	千	百	十	元	角	分		百	十	万	千	百	十	元	角	分
1	31	汇		汇总过入		1	1	8	4	0	0	0	0	√		1	1	8	4	0	0	0	0	平							0		
2	28	汇		汇总过入		2	2	0	5	0	0	0	0	√		2	2	0	5	0	0	0	0	平							0		

图表 15-42

总　　账

总第　页
分第　页

科目：销售费用

18年		记账凭证		摘要	借方金额									核对号	贷方金额									借或贷	余额								
月	日	种类	号数		百	十	万	千	百	十	元	角	分		百	十	万	千	百	十	元	角	分		百	十	万	千	百	十	元	角	分
1	31	汇		汇总过入		4	2	5	0	0	0	0	0	√		4	2	5	0	0	0	0	0	平							0		
2	28	汇		汇总过入		5	0	9	0	0	0	0	0	√		5	0	9	0	0	0	0	0	平							0		

图表 15-43

总　　账

总第　页
分第　页

科目：管理费用

18年		记账凭证		摘要	借方金额									核对号	贷方金额									借或贷	余额								
月	日	种类	号数		百	十	万	千	百	十	元	角	分		百	十	万	千	百	十	元	角	分		百	十	万	千	百	十	元	角	分
1	31	汇		汇总过入		4	1	5	3	0	0	0	0	√		4	1	5	3	0	0	0	0	平							0		
2	28	汇		汇总过入		4	1	6	7	0	0	0	0	√		4	1	6	7	0	0	0	0	平							0		

图表 15-44

总　　账

总第　页
分第　页

科目：财务费用

18年		记账凭证		摘要	借方金额									核对号	贷方金额									借或贷	余额								
月	日	种类	号数		百	十	万	千	百	十	元	角	分		百	十	万	千	百	十	元	角	分		百	十	万	千	百	十	元	角	分
1	31	汇		汇总过入		1	5	8	0	0	0	0	0	√		1	5	8	0	0	0	0	0	平							0		
2	28	汇		汇总过入		1	5	8	0	0	0	0	0	√		1	5	8	0	0	0	0	0	平							0		

图表 15-45

总　　账

总第　页
分第　页

科目：投资收益

18年		记账凭证		摘要	借方金额									核对号	贷方金额									借或贷	余额								
月	日	种类	号数		百	十	万	千	百	十	元	角	分		百	十	万	千	百	十	元	角	分		百	十	万	千	百	十	元	角	分
2	28	汇		汇总过入		1	5	0	0	0	0	0	0	√		1	5	0	0	0	0	0	0	平							0		

说明：1 月份没有发生额，2 月份为投资收益。

图表 15-46

总　　账

总第　页
分第　页

科目：营业外收入

18年		记账凭证		摘要	借方金额									核对号	贷方金额									借或贷	余额								
月	日	种类	号数		百	十	万	千	百	十	元	角	分		百	十	万	千	百	十	元	角	分		百	十	万	千	百	十	元	角	分
2	28	汇		汇总过入			6	0	1	0	0	0	0	√			6	0	1	0	0	0	0	平							0		

说明：1 月份没有发生额。

图表 15-47

总　　账

总第　页
分第　页

科目：营业外支出

18年		记账凭证		摘要	借方金额									核对号	贷方金额									借或贷	余额								
月	日	种类	号数		百	十	万	千	百	十	元	角	分		百	十	万	千	百	十	元	角	分		百	十	万	千	百	十	元	角	分
1	31	汇		汇总过入			3	0	0	0	0	0	0	√			3	0	0	0	0	0	0	平							0		
2	28	汇		汇总过入			4	0	0	0	0	0	0	√			4	0	0	0	0	0	0	平							0		

图表 15-48

总　　账

总第　页
分第　页

科目：所得税费用

18年		记账凭证		摘　要	借方金额									核	贷方金额									借	余　额								
月	日	种类	号数		百	十	万	千	百	十	元	角	分	对号	百	十	万	千	百	十	元	角	分	或贷	百	十	万	千	百	十	元	角	分
1	31	汇		汇总过入			7	8	2	9	2	5	0	√			7	8	2	9	2	5	0	平							0		
2	28	汇		汇总过入		2	0	4	7	0	7	5	0	√		2	0	4	7	0	7	5	0	平							0		

根据以上资料，在图表 15-49 上编制福建省武夷新区商贸股份有限公司 2018 年 2 月份的利润表。

图表 15-49

利　润　表

会企 02 表

编制单位：武夷新区商贸股份有限公司　　2018 年 2 月　　单位：元

项　　目	本期金额	上期金额
一、营业收入		略
减：营业成本		
营业税金及附加		
销售费用		
管理费用		
财务费用（收益以“–”号填列）		
资产减值损失		
加：公允价值变动净收益（损失以“–”号填列）		
投资收益（损失以“–”号填列）		
二、营业利润		
加：营业外收入		
减：营业外支出		
其中：非流动资产处置损失		
三、利润总额（亏损总额以“–”号填列）		
减：所得税费用		
四、净利润（净亏损以“–”号填列）		

任务三　现金流量表的编制

一、判断题（判断每小题正确与否，正确的在括号里打“√”，错误的在括号里打“×”）

1. 现金流量表是以现金为基础所编制的现金来源和运用的财务报表，向报表使用者提供企业在一定会计期间内现金和现金等价物的流入和流出信息。（　　）

2.《企业会计准则》规定：现金流量表采用直接法编制，但同时要求在附注中披露用间接法计算的经营活动现金流量。(　　)

3. 现金流量表中的现金等价物是指期限短、流动性强且易于转换为现金的投资。(　　)

二、单项选择题（从每小题给出的四个备选答案中选出一个正确答案）

1. 采用间接法编制现金流量表的补充资料时，应以利润表中的(　　)为起算点。

A. 营业收入　　B. 营业利润

C. 利润总额　　D. 净利润

2.(　　)属于“支付的其他与经营活动有关的现金”。

A. 支付的各项税费　　B. 支付的职工薪酬

C. 购买材料所支付的现金　　D. 支付的业务招待费

3. 现金流量表中“取得投资收益所收到的现金”等于(　　)。

A. 利润表所列投资收益

B. 利润表所列投资收益–应收股利（期末数–期初数）

C. 利润表所列投资收益–应收利息（期初数–期末数）–应收股利（期初数–期末数）

D. 利润表所列投资收益–应收利息（期末数–期初数）–应收股利（期末数–期初数）

三、多项选择题（从每小题给出的四个备选答案中选出两个或两个以上的正确答案）

1. 现金流量表的基本资料包括(　　)等。

A. 经营活动产生的现金流量

B. 投资活动产生的现金流量

C. 筹资活动产生的现金流量

D. 一定期间影响资产或负债，但不形成该期现金收支的所有投资和筹资活动信息

2. 下列项目中，(　　)属于经营活动所产生的现金流量。

A. 销售商品、提供劳务收到的现金

B. 税费返还收到的现金

C. 企业支付的办公费、差旅费、保险费、通信费、广告费

D. 处置固定资产收回的现金净额

四、实训题

福建省武夷新区商贸股份有限公司 2018 年 5 月份银行存款日记账和库存现金日记账分别如图表 15-50 和图表 15-51 所示。

图表 15-50

银行存款日记账

18年		凭证号数	摘要	借方金额									核对	贷方金额									核对	余额									核对
月	日			百	十	万	千	百	十	元	角	分		百	十	万	千	百	十	元	角	分		百	十	万	千	百	十	元	角	分	
			期初余额																						4	2	0	0	0	0	0	0	
5	2	银收1	销售农副产品	1	0	5	0	0	0	0	0	0	√											1	4	7	0	0	0	0	0	0	
5	3	银付1	支付水费													2	0	0	0	0	0	0	√	1	4	5	0	0	0	0	0	0	
5	4	银付2	购买生产设备												1	8	0	0	0	0	0	0	√	1	2	7	0	0	0	0	0	0	

5	5	银付3	支付职工工资			19000000	√	108000000	
5	6	银付4	从银行提取现金			5000000	√	107500000	
5	10	银收2	销售家电	50300000	√			157800000	
5	15	银付5	上缴本月增值税			9500000	√	148300000	
5	18	银收3	从农业银行借款	50000000	√			198300000	
5	25	银付6	购买长期股权			68000000	√	130300000	
5	27	银付7	购农副产品款			98000000	√	32300000	
5	29	银收4	收到税收返还款	1200000	√			33500000	
5	31	银付8	付本月通信费			970000	√	32530000	
			本月合计	206500000		215970000		32530000	

图表 15-51

库存现金日记账

18年 月	日	凭证号数	摘要	借方金额（百十万千百十元角分）	核对	贷方金额（百十万千百十元角分）	核对	余额（百十万千百十元角分）	核对
			期初余额					800000	
5	2	现付1	预借差旅费		√	500000		300000	
5	6	银付4	从银行提取现金	500000			√	800000	
5	11	现付2	付职工困难补助		√	240000		560000	
5	14	现付3	购买办公用品		√	60000		500000	
5	21	现收1	售报废办公设备	90000				590000	
5	31	现付4	支付夜班餐补		√	100000		490000	
			本月合计	590000		900000		490000	

根据以上资料，在图表 15-52 上编制福建省武夷新区商贸股份有限公司 2018 年 5 月份的现金流量表。

图表 15-52

现 金 流 量 表

会企 03 表

编制单位：福建省武夷新区商贸股份有限公司　2018 年 5 月　　单位：万元

项　　目	行次	金 额
一、经营活动产生的现金流量		
销售商品、提供劳务收到的现金		
收到的税费返还		
收到的其他与经营活动有关的现金		
现金流入小计		
购买商品、接受劳务支付的现金		
支付给职工以及为职工支付的现金		
支付的各种税费		
支付的其他与经营活动有关的现金		
现金流出小计		
经营活动产生的现金流量净额		
二、投资活动产生的现金流量		
收回投资所收到的现金		
取得投资收益所收到的现金		
处置固定资产、无形资产和其他长期资产收回的现金净额		
收到其他与投资活动有关的现金		
现金流入小计		
购建固定资产、无形资产和其他长期资产所支付的现金		
投资所支付的现金		
支付其他与投资活动有关的现金		
现金流出小计		
投资活动产生的现金流量净额		
三、筹资活动产生的现金流量		
吸收投资所收到的现金		
借款所收到的现金		
收到的其他与筹资活动有关的现金		
现金流入小计		
偿还债务所支付的现金		
分配股利、利润所支付的现金		
支付的其他与筹资活动有关的现金		
现金流出小计		
筹资活动产生的现金流量净额		
四、汇率变动对现金的影响		
五、现金及现金等价物净增加额		

综合测试题一

一、判断题（判断每小题正确与否，正确的在括号里打“√”，错误的在括号里打“×”）

1．货币资金按币种可以分为记账本位币和外国货币。（　　）

2．企业应收账款的入账价值应根据扣除商业折扣后的实际销售额确认。（　　）

3．带息票据贴现净额等于票据到期值减去票面利息。（　　）

4．经营鱼、肉、菜、果等鲜活商品的企业适宜采用进价金额核算法。（　　）

5．出票人不得签发空头支票以及与预留银行签章不相符的支票，如果使用支付密码的，出票人不得签发支付密码错误的支票。（　　）

6．一般纳税人向农业生产者购买农副产品，按13%的抵扣率计算进项增值税。（　　）

7．采用个别计价法，计算结果比较准确，但工作量也比较大。（　　）

8．零售企业购进带包装的散装商品，应按含包装物实际重量的毛重验收入库。（　　）

9．代购费用实报实销时，受托方支付的代购费用应计入材料采购成本。（　　）

10．周转材料是企业用于销售的材料物资、包装物、低值易耗品及废旧物资等。（　　）

11．固定资产是指使用寿命超过一个会计年度，为生产商品、提供劳务、经营管理或出租、出售而持有的具有实物形态的资产项目。（　　）

12．商业企业的固定资产按使用情况可分为直接服务于商业经营的固定资产和非直接服务于商业经营的固定资产。（　　）

13．当固定资产后续支出使流入企业的经济利益超过事先预计时，对后续支出应做资本化处理。（　　）

14．长期资产是企业拥有的变现周期在一年以上或在一个营业周期以上的资产。（　　）

15．辞退福利是指劳动合同到期之前，员工自动辞职，企业应给予的补偿。（　　）

16．资本公积和实收资本一样，专属于某一位投资者。（　　）

17．缴纳上月未交增值税时应借记“应交税费——应交增值税（已交）”账户。（　　）

18．自产自用的消费品，用于连续生产的不缴纳消费税；用于其他方面的，则在移送使用时缴纳消费税。（　　）

19．商业企业用表结法核算企业利润，则“本年利润”账户1—11月无任何记录。（　　）

20．商业企业财务会计报告包括会计报表、会计报表附注和财务情况说明书。（　　）

二、单项选择题（从每小题给出的四个备选答案中选出一个正确答案）

1．一家商品流通企业（　　），用来办理日常现金存取和银行转账结算。

A．只能选择一家银行的一个营业机构开立一个基本存款账户

B．在一家银行的一个营业机构只能开立一个基本存款账户

C．在一家银行只能开立一个基本存款账户

D．可以不开设基本存款账户

2．商业汇票承兑人及单位名称、背书人及单位名称等内容，一般在（　　）上登记。

A．应收票据的总账　　B．应收票据的明细账

C．应收票据的备查簿　　D．由会计在B或C中任选一项

3．企业使用（　　）结算方式，应当设置“其他货币资金”账户进行会计核算。

A．转账支票　　B．商业汇票　　C．银行本票　　D．托收承付

4．可能涉及“库存商品”和“主营业务成本”账户的业务是（　　）。

A．销售折让　　B．销售退回　　C．销售补价　　D．销售退价

5．如果企业的库存商品（假设该商品没有提取跌价准备）已无使用价值和转让价值，则应将其账面价值全部转入当期损益，借记（　　）账户。

A．“主营业务成本”　　B．“资产减值损失”

C．“管理费用”　　D．“营业外支出”

6．直运商品销售的特点是商品购进与商品销售同时发生，不通过（　　）账户核算。

A．“库存商品”　　B．“主营业务成本”

C．“主营业务收入”　　D．“应交税费——应交增值税”

7．采用售价金额核算法，“库存商品”总分类账下按（　　）开设明细分类账。

A．商品的种类、规格　　B．商品的存放地点

C．商品的实物负责人或柜组　　D．商品的具体销售人员或保管人员

8．当企业各类商品销售额占总销售额的比例非常接近时，为了减少工作量，企业可以采用（　　）计算已销商品应分摊的进销差价数额。

A．盘存差价计算法　　B．综合差价率计算法

C．分类差价率计算法　　D．实际进销差价计算法

9．对鲜活商品，应当采用（　　）。

A．进价记账、盘存计销

B．售价记账、盘存计销

C．进价记账、盘存计销的同时辅以售价控制

D．售价记账、盘存计销的同时辅以进价控制

10．代购费用实报实销时，受托方支付代购商品价款时应借记（　　）。

A．应付账款——某委托代购公司　　B．材料采购

C．其他业务成本　　D．应收账款——某委托代购公司

11．采用一次摊销法，专设销售机构领用低值易耗品时应借记（　　）账户。

A．“低值易耗品——在用”　　B．“管理费用”

C．“低值易耗品——摊销”　　D．“销售费用”

12．固定资产的计价基础是（　　）。

A．公允价值　　B．历史成本　　C．重置成本　　D．可变现价值

13．不属于企业无形资产的是（　　）。

A．特许经营权　　B．土地所有权　　C．非专利技术　　D．著作权

14．商业企业筹建期间发生的借款利息，应当借记（　　）账户。

A．“长期待摊费用”　　B．“财务费用”　　C．“应付利息”　　D．“管理费用”

15．商业企业发行债券，如果发行费用高于发行期间冻结资金的利息，其差额（　　）。

A．视同发行债券的折价金额

B．属于固定资产项目的给予资本化，不能资本化的或属其他用途的计入当期财务费用

C．统一计入企业的财务费用

D．统一计入企业的管理费用

16．企业因发生重大亏损而减资，应当借记“实收资本”账户，贷记（　　）账户。

A．“利润分配——未分配利润”　　B．“资本公积”

C．“盈余公积”　　D．“营业外收入”

17. 企业上年亏损2 000.00元，本年税前利润100 000.00，本年利润弥补上年亏损再提取所得税，用本年利润弥补上年亏损，以下会计分录正确的是（　　）。

A. 借：本年利润　　2000.00
　　贷：利润分配——补上年亏损　　2 000.00

B. 借：利润分配——补上年亏损　　2 000.00
　　贷：利润分配——未分配利润　　2 000.00

C. 借：利润分配——未分配利润　　2 000.00
　　贷：利润分配——补上年亏损　　2 000.00

D. 无须单独编制弥补上年亏损的会计分录

18. 某一暂时性差异造成在一段较长时间里，企业所得税前期缴得少，后期缴得多，则根据会计利润求出的所得税费用和根据应纳税所得额求出的应缴所得税之间的差额应当确认为企业的（　　）。

A. 递延所得税资产　　B. 递延所得税负债
C. 营业税金及附加　　D. 所得税费用

19. 反映企业特定日期财务状况的报表是（　　）。

A. 资产负债表　　B. 利润表
C. 现金流量表　　D. 股东权益变动表

20. 采用间接法编制现金流量表时，以企业的（　　）为起算点。

A. 库存现金　　B. 银行存款　　C. 货币资金　　D. 净利润

三、多项选择题（从每小题给出的四个备选答案中选出两个或两个以上的正确答案）

1. 应收账款的入账价值，包括销售时发生的（　　）。

A. 商品价款　　B. 代收的增值税款项
C. 销货方承担的运费　　D. 销货方代购货方垫付的费用

2.（　　）适宜采用数量售价金额核算法。

A. 小型批发企业　　B. 大中型批发企业
C. 经营贵重物品的零售企业　　D. 经营日常生活用品的零售企业

3. 大中型批发企业，商品销售成本的计算方法主要有（　　）和毛利率法。

A. 个别计价法　　B. 先进先出法　　C. 加权平均法　　D. 后进先出法

4. 企业调价，应当由（　　）。

A. 企业管理层根据物价政策、市场信息做出调价决策
B. 仓储部门接到物价部门通知临时进行局部盘点
C. 物价部门根据盘点结果计算调整金额，填制“价格调整单”并送有关部门
D. 销售部门接单后执行新售价，财务部门接单后进行相应的账务处理

5. 一般情况下，不随商品流转而转移的周转材料有（　　）。

A. 低值易耗品　　B. 包装物　　C. 物料用品　　D. 无正确选项

6. 使用（　　）计算折旧时，应当考虑固定资产净残值。

A. 平均年限法　　B. 工作量法　　C. 年数总和法　　D. 双倍余额递减法

7. 商业企业无形资产具有的特征有（　　）。

A. 持有的目的是使用
B. 非实体性
C. 具有可辨认性
D. 能在较长时间内为企业带来确定的经济利益

8．在企业会计利润与应纳税所得额之间形成永久性差异的项目有（　　）等。

A．企业非广告性赞助支出

B．资产减值准备

C．企业在规定的弥补期内用本期税前利润弥补以前年度亏损

D．企业因违法违规而交付的罚款、罚金和滞纳金。

9．实行分类（或分柜组）核算的商品流通企业，对（　　）账户应按商品大类或按柜组进行明细分类核算。

A．库存商品　　B．主营业务收入　　C．主营业务成本　　D．销售费用

10．现金流量表向报表使用者提供企业在一定会计期间内（　　）的流入和流出信息。

A．库存现金　　B．银行存款　　C．其他货币资金　　D．现金等价物

四、业务题

（一）进价金额核算法

长河商城为一般纳税人，2018 年 9 月份部分业务如下。

1．长河商城于 9 月 4 日，从八牌服饰有限公司购入男款休闲上衣 850 件，单价为 180.00 元，总价为 153 000.00 元，增值税进项税额为 26 010.00 元，价税合计为 179 010.00 元，对方代垫运费为 1 700.00 元，运费增值税为 187.00 元。收到增值税专用发票及对方的托收凭证后，长河商城财务转账付讫有关款项，商品尚未验收入库，请编制记账凭证（以会计分录代替）。

2．9 月 6 日，男款休闲上衣验收入库，根据收料单编制记账凭证（以会计分录代替）。

3．9 月 11 日，长河商城向河北省男装零售企业[款款有型]出售男款休闲上衣 650 件，每件含税价为 292.50 元，对方采购员前来提货，并以现金支票支付相关款项。请根据增值税专用发票、银行进账单等单据编制商品销售业务的记账凭证（以会计分录代替）。

4．9 月 15 日，向昆明市[四季春]男装零售中心出售男款休闲上衣 400 件，每件含税单价为 292.50 元，采用发货制，以支票付运费 800.00 元及运费的增值税 88.00 元。请请根据增值税专用发票、委托收款凭证、支票存根联等单据编制记账凭证（以会计分录代替）。

5．9 月 21 日，经与河北省鞋服零售企业[款款有型]协商，同意对 9 月 11 日出售的 650 件男款休闲上衣进行退货处理，每件含税退价 11.70 元，共计 7 605.00 元，请根据增值税专用发票（红字）、银行转账凭证等编制记账凭证（以会计分录代替）。

6．9 月 30 日，采用加权平均法计算本月售出的男款休闲上衣成本，登记“库存商品——男款休闲上衣”的明细账。

库 存 商 品 明 细 账

		总页	
		页数	
页　　数		计量单位	件
名称及规格	男款休闲上衣		

商品类别：男装——休闲上衣　　　　存放地点：第 2 仓库 3 号货架

年		凭证号数	摘要	借（收入）方											核对号	贷（发出）方											结存									
月	日			数量		单价	金额									数量		单价	金额								数量	单价	金额							
				购进	其他		十	万	千	百	十	元	角	分		销售	其他		十	万	千	百	十	元	角	分			十	万	千	百	十	元	角	分
9	4		期初																								300	189.20		5	6	7	6	0	0	0
9	6		购入																																	
9	11		出售																																	
9	15		出售																																	
9	30		合计																																	

加权平均单价=

编制结转已销男款休闲上衣的记账凭证（用会计分录代替）。

7．长河商城“库存商品——进货费用（男款休闲上衣）”期初账面金额为 397.60 元，请分摊本月已销男款休闲上衣应承担的进货费用。

① 求分配率。

② 求期末结存男款休闲上衣应分摊的进货费用。

③ 求本月已销男款休闲上衣应分摊的进货费用。

④ 编制本月已销男款休闲上衣应分摊进货费用的记账凭证（用会计分录代替）。

（二）编制报表

长河商城 2018 年年末账户余额资料如图表 A-1 和图表 A-2 所示。

图表 A-1

长河商城总账账户年末余额

2018 年 12 月 31 日　　单位：元

账户名称	借方余额	贷方余额
库存现金	8 000.00	
银行存款	152 000.00	
其他货币资金	10 000.00	
应收账款	30 000.00	
其他应收款	4 000.00	
在途物资	23 000.00	
库存商品	490 025.56	
周转材料	6 300.00	
包装物	14 000.33	
低值易耗品	12 000.00	
固定资产	980 000.00	
累计折旧		150 000.00
无形资产	77 000.00	
累计摊销		14 000.00
短期借款		100 000.00
应付账款		63 500.45
应付职工薪酬		69 000.55

续表

账户名称	借方余额	贷方余额
应交税费	13 000.11	
长期借款		350 000.00
实收资本		1 000 000.00
资本公积		13 000.00
盈余公积		50 000.00
利润分配		9 825.00
合　　计	1 819 326.00	1 819 326.00

图表 A-2

部分总账账户所属明细账户的资料

2018 年 12 月 31 日　　单位：元

账户名称	借方余额	贷方余额
应收账款——A	45 000.00	
应收账款——B		15 000.00
应付账款——C		81 500.60
应付账款——D	18 000.15	
长期借款	其中一年内到期的长期借款有 150 000.00	

根据图表 A-1 和图表 A-2 提供的资料，在图表 A-3 上编制长河商城 2018 年的资产负债表。

图表 A-3

资产负债表

2018 年 4 月 31 日　　会企 01 表

编制单位：长河商城　　单位：元

资　　产	行次	期初数	期末数	负债及所有者权益	行次	期初数	期末数
流动资产：		略		流动负债：		略	
货币资金				短期借款			
交易性金融资产				交易性金融负债			
应收票据				应付票据			
应收账款				应付账款			
预付账款				预收账款			
应收股利				应付职工薪酬			
应收利息				应交税费			
其他应收款				应付利息			
存货				应付股利			
其中：消耗性生物资产				其他应付款			
一年内到期非流动资产				一年内到期非流动负债			

续表

资　　产	行次	期初数	期末数	负债及所有者权益	行次	期初数	期末数
其他流动资产				其他流动负债			
流动资产合计				流动负债合计			
非流动资产：				非流动负债：			
可供出售的金融资产				长期借款			
持有至到期的投资				应付债券			
投资性房地产				长期应付款			
长期股权投资				专项应付款			
长期应收款				递延所得税负债			
固定资产				其他非流动负债			
在建工程				非流动负债合计			
工程物资				负债合计			
固定资产清理		略		所有者（或股东）权益：		略	
无形资产				实收资本（股本）			
开发支出				资本公积			
商誉				减：库存股			
长期待摊费用				未分配利润			
递延所得税资产				盈余公积			
其他非流动资产				所有者（或者股东）权益合计			
非流动资产合计							
资产总计				负债及所有者权益总计			

综合测试题二

一、判断题（判断每小题正确与否，正确的在括号里打“√”，错误的在括号里打“×”）

1.《中华人民共和国会计法》是指导会计工作的最高准则。(　　)

2. 间接标价法就是按一定单位外国货币可兑换本国货币金额表示的汇率。(　　)

3. 本年应提取的坏账准备金额=应收账款期末余额×坏账准备的提取比例。(　　)

4. 预付账款不多的企业，可以将其并到“预收账款”账户一并反映。(　　)

5. 签发现金支票或用于提现的普通支票必须符合国家现金管理的有关规定。(　　)

6. 采用数量进价金额法，商品采购费用数额较小的，可以直接计入管理费用。(　　)

7. 在批发企业销售业务中，“销货日报表”应由收款部门填制。(　　)

8. 毛利率法就是根据本期销售净额乘以上期（月）实际毛利率或者本期（月）计划毛利率，并计算本期发出商品成本的一种方法。(　　)

9. 鲜活商品每日应销金额等于销货零售单价乘以本日实际销售数量。(　　)

10. “营改增”后，有形资产租赁包括融资租赁和经营租赁均征收增值税。(　　)

11. 商业企业一次性包装材料如纸、绳、铁丝等，应在“包装物”账户进行核算。(　　)

12. 固定资产折旧是在固定资产的使用寿命内，按照确定的方法对购建固定资产的实际成本进行系统分摊。(　　)

13. 租赁开始日，在租赁资产公允价值与最低租赁付款额的现值中，选择其中数额较低者作为融资租赁固定资产的入账价值。(　　)

14. 企业应采用直线法，在规定的年限内摊销企业依法确认的无形资产。(　　)

15. 资产负债表中“应付账款”项目金额根据“应付账款”总账期末余额直接填列。(　　)

16. 从理论上讲，1 元钱也可以注册公司，但公司注册时还是要考虑实际运作的需要，注册资本应当保证公司能够正常运转。(　　)

17. 费用是指企业在日常活动中发生的，会导致所有者权益减少的，与向所有者分配利润无关的经济利益的总流出。(　　)

18. 消费税是对从事生产、委托加工和进口应税消费品的单位和个人所取得的销售收入征收的一种税。(　　)

19. 商业企业的账账核对包括本企业应收账款明细账余额与购买方应付账款明细账余额相核对。(　　)

20. 商业企业财务会计报告是反映商业企业某一会计期间财务状况和某一特定日期经营成果和现金流量的书面文件。(　　)

二、单项选择题（从每小题给出的四个备选答案中选出一个正确答案）

1. 商品流通企业会计核算的内容就是商业企业在商品流通过程中发生的（　　）。

A. 所有业务　　B. 经济业务
C. 能以货币计量的经济业务　　D. 交易或事项

2.(　　)是因出售商品的质量不符合要求或其他原因而在销售价款上给予购买方的减让。

A. 商业折扣　　B. 现金折扣　　C. 销售折让　　D. 销售退价

3. 商品流通零售企业，如果柜台和在库商品由同一实物负责人经营，应采用（　　）

A. 数量进价金额法核算　　B. 数量售价金额核算法
C. 进价金额核算法　　D. 售价金额核算法

4．某商品流通企业 2016 年 10 月份销售 A 产品一批，于 2016 年 11 月份收到价税款，在 2017 年 1 月发生销售退回，应（　　）。

A．冲减 2016 年 10 月份的销售收入

B．冲减 2016 年 11 月份的销售收入

C．冲减 2017 年 1 月份的销售收入

D．通过“以前年度损益调整”账户进行会计核算

5．某批发企业购进 A 商品 9.99 千克，每千克进价为 10 元，入库时实收 1 000 千克，溢余的 1 千克为自然溢余，假设没有发生采购费用，则 A 商品的总成本和单位成本为（　　）。

A．9 990 元和 10 元/千克　　B．10 000 元和 10 元/千克

C．9 990 元和 9.99 元/千克　　D．10 000 元和 10.01 元/千克

6．中职学校的毕业生，开办“前店后仓”的小型商品批发企业，适宜采用（　　）的方式设置“库存商品明细分类账”。

A．三账分设　　B．二账合一　　C．三账合一　　D．以证代账

7．发出商品成本采用集中结转时，库存商品明细账上平时（　　）。

A．只登记数量　　B．只登记金额

C．既登记数量，又登记金额　　D．既不登记数量，也不登记金额

8．采用售价金额核算法，购进商品的自然损耗，应当将其从“待处理财产损溢”账户转入（　　）账户。

A．“库存商品”　　B．“商品进销差价”　　C．“管理费用”　　D．“营业外支出”

9．商品内部调拨是指（　　）之间调剂余缺而进行的商品调拨。

A．企业与供应商

B．企业所属非独立核算的营业组、门市部

C．企业与经销商

D．企业所属独立核算的营业组、门市部

10．委托加工商品收回后用于直接销售的，提取（或支付）消费税时，应借记（　　）账户。

A．“委托加工商品——受托加工单位”　　B．“应交税费——应交消费税”

C．“营业税金及附加”　　D．“库存商品——某商品”

11．商品流通企业的包装物是用于盛装和包扎商品的物资，不包括（　　）等。

A．一次性耗用的包装材料　　B．企业内部周转使用的包装物

C．企业用来储存保管商品的包装物　　D．以出售为目的购进的包装商品

12．固定资产的计价基础是（　　）。

A．公允价值　　B．历史成本　　C．重置成本　　D．可变现价值

13．应当计提折旧的固定资产包括（　　）。

A．按规定作为固定资产入账的土地　　B．以经营租赁方式租入的固定资产

C．以融资租赁方式租入的固定资产　　D．除房屋、建筑物以外停用的固定资产

14．流动负债不具有（　　）特点。

A．偿还额小　　B．偿还期短

C．收益高、风险大　　D．偿还形式多样化

15．商业企业因购建固定资产而借入的长期款项发生的利息，应（　　）。

A．在工程完工前计入“在建工程”账户，工程完工后计入“固定资产”账户

B．在固定资产达到预定可使用状态前的长期借款利息，借记“财务费用”账户

C．在固定资产达到预定可使用状态后的长期借款利息，借记“管理费用”账户

D．无论工程是否完工，均计入“财务费用”账户

16．商业企业的所有者权益包括（　　）项目。

A．本年利润　B．主营业务收入　C．营业外收入　D．未分配利润

17．自用房地产（或者房地产存货）转换为采用公允价值模式计量的投资性房地产，若公允价值小于账面价值，其差额应当贷记（　　）账户。

A．“资本公积——其他资本公积”　B．“营业外支出”

C．“累计折旧”　D．“公允价值变动损益”

18．计算增值税时，允许将外购固定资产的价值一次性全部扣除，属于（　　）增值税。

A．收入型　B．生产型　C．消费型　D．混合型

19．从价定率征收应税消费品的计税销售额，是纳税人销售应税消费品时收取的（　　）。

A．不含增值税的全部价款

B．不含增值税的全部价款及一切价外费用

C．包含增值税的全部价款

D．包含增值税的全部价款及一切价外费用

20．2017年10月，某企业“利润表”中的上期金额，应填列的是该企业（　　）。

A．2016年10月份当月发生额　B．2016年1—10月份累计发生额

C．2017年9月份当月发生额　D．2017年1—10月份累计发生额

三、多项选择题（从每小题给出的四个备选答案中选出两个或两个以上的正确答案）

1．（　　）不得经管库存现金的收付业务和保管业务。

A．单位负责人　B．会计　C．出纳　D．会计机构负责人

2．下列表述正确的是（　　）。

A．采用送货制，送货过程发生的费用和商品损耗一般由供货单位承担

B．采用提货制，提货过程发生的费用和商品损耗一般由购货单位承担

C．采用送货制，送货过程发生的费用和商品损耗一般由购货单位承担

D．采用提货制，提货过程发生的费用和商品损耗一般由供货单位承担

3．只能转账，不能支取现金的支票有（　　）。

A．现金支票　B．普通支票　C．转账支票　D．划线支票

4．采用（　　）算出的进销差价数额与实际发生的进销差价数额差距最小或没有差距。

A．盘存差价计算法　B．分类（柜组）差价率计算法

C．综合差价率计算法　D．实际进销差价计算法

5．从事商品零售的企业，对其中的鲜活商品，一般不采用（　　）核算法。

A．进价金额　B．售价金额　C．数量进价金额　D．数量售价金额

6．本月不计提折旧的固定资产包括（　　）。

A．本月之前增加的固定资产　B．本月之前减少的固定资产

C．本月增加的固定资产　D．本月减少的固定资产

7．应付金额肯定的流动负债有（　　）。

A．应付账款　B．短期借款

C．预收账款　D．应付产品售后服务费用

8．利润是反映企业管理水平的一项综合指标，企业的（　　）可通过利润表现出来。

A．资产质量　B．经营能力　C．费用控制水平　D．资金使用效益

9. 包装物随同商品销售的，(　　)。

A. 无论是否单独计价，其价格都应计入消费品销售额一并征收消费税

B. 如果有收取包装物的押金，押金不计入消费品的销售额

C. 如果有收取包装物的押金，押金一并计入消费品的销售额

D. 包装物逾期不还而没收的押金应转为应税消费品的销售额，按税率征收消费税

10. 资产负债表中的流动资产包括（　　）等。

A. 货币资金　　B. 应收及预付款项

C. 可供出售的金融资产　　D. 一年内到期的非流动性资产

四、业务题

新海百货为一般纳税人，2018 年 11 月部分经济业务如下。

1. 业务部门于本月 3 日从上海玩具厂购进玩具一批，增值税专用发票“发票联”注明：货款为 13 435.00 元，增值税进项税额为 2 283.95 元，以商业承兑汇票付讫。请编制会计分录。

2. 玩具柜于本月 5 日转来收货单（见图表 B-1），3 日向上海玩具厂购进的玩具已全部验收入库。

图表 B-1

金额单位：元

品　名	购进价			零售价		
	数量	单价	金　额	数量	单价	金　额
坦克	100	72.30	7 230	100	100	10 000
轨道火车	50	124.10	6 205	50	180	9 000

请根据收货单编制会计分录。

3. 玩具厂于本月 12 日开来更正发票，更正本月 5 日所售轨道火车货款，该火车的单价应为 134.10 元，以银行存款补付货款 500.00 元，增值税税额 85.00 元。

4. 业务部门于本月 16 日转来上海交电公司专用发票，发票显示：30W 荧光灯管 1 000 支，每支售价 4.80 元，共计货款 4 800.00 元，增值税税额 816.00 元，经审核无误，当即以转账支票付讫。

5．电器柜于本月17日转来收货单，昨日向上海交电公司购进的荧光灯管1 000支全部验收入库，结转其采购成本，该商品零售单价为6.50元。

6．电器柜于本月20日复验17日入库的30W荧光灯管，发现其中有50支质量不符合要求，经联系后对方同意原货退回，收到退货的专用发票，退回50支30W荧光灯管，应退货款及增值税税额均未收到。

7．本月18日，从百货柜调拨给早晚服务部美加净牙膏400支，零售单价为2.40元，购进单价为1.80元。

8．本月31日，各营业柜组商品销售收入情况如图表B-2所示，要求编制会计分录。

图表B-2

柜组	销货收入	现金收入	转账收入	现金溢缺	备注
玩具柜	*42 750.00*	*40 210.00*	*2 540.00*		
电器柜	*51 630.00*	*49 130.00*	*2 500.00*		
百货柜	*40 980.00*	*39 980.00*	*1 000.00*		
合 计	*135 360.00*	*129 320.00*	*6 040.00*		

① 确认收入的会计分录。

② 结转已销商品成本的会计分录。

③ 分解含税收入为不含税销售收入及销项税额的会计分录。

9．31 日，进销差价计算表如图表 B-3 所示，采用分类差价率法，计算并填写表格未填列项目。

图表 B-3

柜组	商品进销差价账户余额	主营业务收入贷方发生额	库存商品余额	分类差价率	商品进销差价	
					已销商品	库存商品
玩具柜	69 620.00	139 600.00	123 400.00			
电器柜	61 868.00	121 200.00	88 500.00			
百货柜	60 542.00	113 200.00	117 700.00			
合计	192 030.00	374 000.00	329 600.00			

根据图表 B-3 编制会计分录。

新海百货 2018 年 1—2 月份损益类账户如图表 B-4～图表 B-15 所示。

图表 B-4

总　　账

总第　页

分第　页

科目：主营业务收入

18 年		记账凭证		摘　要	借方金额									核对号	贷方金额									借或贷	余　额								
月	日	种类	号数		百	十	万	千	百	十	元	角	分		百	十	万	千	百	十	元	角	分		百	十	万	千	百	十	元	角	分
1	31	汇		汇总过入	4	8	0	4	3	0	0	0	0	√	4	8	0	4	3	0	0	0	0	平							0		
2	28	汇		汇总过入	3	9	0	0	5	0	7	9	0	√	3	9	0	0	5	0	7	9	0	平							0		

图表 B-5

总　　账

总第　页

分第　页

科目：其他业务收入

18 年		记账凭证		摘　要	借方金额									核对号	贷方金额									借或贷	余　额								
月	日	种类	号数		百	十	万	千	百	十	元	角	分		百	十	万	千	百	十	元	角	分		百	十	万	千	百	十	元	角	分
1	31	汇		汇总过入		3	5	0	0	0	0	0	0	√		3	5	0	0	0	0	0	0	平							0		
2	28	汇		汇总过入		2	8	3	0	5	0	0	0	√		2	8	3	0	5	0	0	0	平							0		

图表 B-6

总　　账

总第　页
分第　页

科目：主营业务成本

18年		记账凭证		摘要	借方金额									核对号	贷方金额									借或贷	余额								
月	日	种类	号数		百	十	万	千	百	十	元	角	分		百	十	万	千	百	十	元	角	分		百	十	万	千	百	十	元	角	分
1	31	汇		汇总过入	3	3	0	0	0	2	0	0	0	√	3	3	0	0	0	2	0	0	0	平							0		
2	28	汇		汇总过入	2	7	1	0	4	6	0	0	0	√	2	7	1	0	4	6	0	0	0	平							0		

图表 B-7

总　　账

总第　页
分第　页

科目：其他业务成本

18年		记账凭证		摘要	借方金额									核对号	贷方金额									借或贷	余额								
月	日	种类	号数		百	十	万	千	百	十	元	角	分		百	十	万	千	百	十	元	角	分		百	十	万	千	百	十	元	角	分
1	31	汇		汇总过入		1	9	5	0	0	0	0	0	√		1	9	5	0	0	0	0	0	平							0		
2	28	汇		汇总过入		1	7	8	4	0	0	0	0	√		1	7	8	4	0	0	0	0	平							0		

图表 B-8

总　　账

总第　页
分第　页

科目：营业税金及附加

18年		记账凭证		摘要	借方金额									核对号	贷方金额									借或贷	余额								
月	日	种类	号数		百	十	万	千	百	十	元	角	分		百	十	万	千	百	十	元	角	分		百	十	万	千	百	十	元	角	分
1	31	汇		汇总过入		2	1	5	4	0	0	0	0	√		2	1	5	4	0	0	0	0	平							0		
2	28	汇		汇总过入		1	3	0	8	0	0	0	0	√		1	3	0	8	0	0	0	0	平							0		

图表 B-9

总　　账

总第　页
分第　页

科目：销售费用

18年		记账凭证		摘要	借方金额									核对号	贷方金额									借或贷	余额								
月	日	种类	号数		百	十	万	千	百	十	元	角	分		百	十	万	千	百	十	元	角	分		百	十	万	千	百	十	元	角	分
1	31	汇		汇总过入		6	2	0	0	0	0	0	0	√		6	2	0	0	0	0	0	0	平							0		
2	28	汇		汇总过入		4	3	7	0	0	0	0	0	√		4	3	7	0	0	0	0	0	平							0		

图表 B-10

总　　账

总第　页
分第　页

科目：管理费用

18年		记账凭证		摘要	借方金额									核对号	贷方金额									借或贷	余额								
月	日	种类	号数		百	十	万	千	百	十	元	角	分		百	十	万	千	百	十	元	角	分		百	十	万	千	百	十	元	角	分
1	31	汇		汇总过入		5	1	4	2	0	0	0	0	√		5	1	4	2	0	0	0	0	平							0		
2	28	汇		汇总过入		5	1	5	3	0	0	0	0	√		5	1	5	3	0	0	0	0	平							0		

读者意见反馈表

书名：新编商品流通企业会计（第2版）习题集　**主编：**卓茂荣　张惠琴　叶子青　**策划编辑：**徐　玲

> 谢谢您关注本书！烦请填写该表。您的意见对我们出版优秀教材、服务教学，十分重要。如果您认为本书有助于您的教学工作，请您认真地填写表格并寄回。**我们将定期给您发送我社相关教材的出版资讯或目录，或者寄送相关样书。**

个人资料

姓名＿＿＿＿＿年龄＿＿＿联系电话＿＿＿＿＿＿（办）＿＿＿＿＿＿（宅）＿＿＿＿＿＿（手机）

学校＿＿＿＿＿＿＿＿＿＿＿＿＿＿专业＿＿＿＿＿＿职称/职务＿＿＿＿＿＿＿＿

通信地址＿＿＿＿＿＿＿＿＿＿＿＿＿邮编＿＿＿＿＿＿E-mail＿＿＿＿＿＿＿＿＿

您校开设课程的情况为：

本校是否开设相关专业的课程　□是，课程名称为＿＿＿＿＿＿＿＿＿＿＿＿＿＿　□否

您所讲授的课程是＿＿＿＿＿＿＿＿＿＿＿＿＿＿＿＿＿＿课时＿＿＿＿＿＿＿＿

所用教材＿＿＿＿＿＿＿＿＿＿＿＿＿＿出版单位＿＿＿＿＿＿＿＿＿＿印刷册数＿＿＿

本书可否作为您校的教材？

□是，会用于＿＿＿＿＿＿＿＿＿＿＿＿＿＿课程教学　□否

影响您选定教材的因素（可复选）：

□内容　□作者　□封面设计　□教材页码　□价格　□出版社

□是否获奖　□上级要求　□广告　□其他＿＿＿＿＿＿＿＿＿＿＿＿

您对本书质量满意的方面有（可复选）：

□内容　□封面设计　□价格　□版式设计　□其他＿＿＿＿＿＿＿＿

您希望本书在哪些方面加以改进？

□内容　□篇幅结构　□封面设计　□增加配套教材　□价格

可详细填写：＿＿＿＿＿＿＿＿＿＿＿＿＿＿＿＿＿＿＿＿＿＿＿＿＿＿＿＿＿＿

＿＿＿＿＿＿＿＿＿＿＿＿＿＿＿＿＿＿＿＿＿＿＿＿＿＿＿＿＿＿＿＿＿＿＿＿

您还希望得到哪些专业方向教材的出版信息？

＿＿＿＿＿＿＿＿＿＿＿＿＿＿＿＿＿＿＿＿＿＿＿＿＿＿＿＿＿＿＿＿＿＿＿＿

感谢您的配合，可将本表按以下方式反馈给我们：

【方式一】电子邮件：登录华信教育资源网（http://www.hxedu.com.cn/resource/OS/zixun/zz_reader.rar）下载本表格电子版，填写后发至 ve@phei.com.cn

【方式二】邮局邮寄：北京市万寿路173信箱华信大厦1302室 中等职业教育分社 （邮编：100036）

如果您需要了解更详细的信息或有著作计划，请与我们联系。

电话：010-88254591

反侵权盗版声明

电子工业出版社依法对本作品享有专有出版权。任何未经权利人书面许可，复制、销售或通过信息网络传播本作品的行为；歪曲、篡改、剽窃本作品的行为，均违反《中华人民共和国著作权法》，其行为人应承担相应的民事责任和行政责任，构成犯罪的，将被依法追究刑事责任。

为了维护市场秩序，保护权利人的合法权益，我社将依法查处和打击侵权盗版的单位和个人。欢迎社会各界人士积极举报侵权盗版行为，本社将奖励举报有功人员，并保证举报人的信息不被泄露。

举报电话：（010）88254396；（010）88258888

传　　真：（010）88254397

E-mail：　dbqq@phei.com.cn

通信地址：北京市海淀区万寿路 173 信箱

电子工业出版社总编办公室

邮　　编：100036